2017

中国知识产权统计年报

China Intellectual Property Statistical Yearbook 2017

国家知识产权局

U0953398

知识产权出版社
全国百佳图书出版单位

图书在版编目（CIP）数据

中国知识产权统计年报.2017/国家知识产权局主办. —北京：知识产权出版社，2018.11

ISBN 978-7-5130-5919-0

Ⅰ.①中… Ⅱ.①国… Ⅲ.①知识产权—统计资料—中国—2017—年报 Ⅳ.①D923.4-66

中国版本图书馆CIP数据核字（2018）第238762号

内容提要

本年报由国家知识产权局主办，汇集了我国知识产权领域的年度统计数据，全面反映了我国知识产权领域每年的发展状况。本年报涵盖专利、商标、版权、集成电路布图设计、农业植物新品种、林业植物新品种、海关知识产权保护、知识产权司法保护等方面的内容。本书可供广大知识产权界业内人士、各级领导干部、企事业单位管理人员、科研人员、高等院校师生等参考阅读。

责任编辑：崔开丽　吴亚平　　**责任校对**：王　岩

文字编辑：李　晴　　**责任印制**：刘译文

中国知识产权统计年报2017

Zhongguo Zhishichanquan Tongji Nianbao 2017

国家知识产权局

出版发行：	知识产权出版社有限责任公司	**网　　址**：	http：//www.ipph.cn
社　　址：	北京市海淀区气象路50号院	**邮　　编**：	100081
责编电话：	010-82000860转8377	**责编邮箱**：	cui_kaili@sina.com
发行电话：	010-82000860转8101/8102	**发行传真**：	010-82000893/82005070/82000270
印　　刷：	北京嘉恒彩色印刷有限责任公司	**经　　销**：	各大网上书店、新华书店及相关专业书店
开　　本：	889mm×1194mm　1/16	**印　　张**：	9.5
版　　次：	2018年11月第1版	**印　　次**：	2018年11月第1次印刷
字　　数：	300千字	**定　　价**：	60.00元

ISBN 978-7-5130-5919-0

出版权专有　侵权必究

如有印装质量问题，本社负责调换。

编写指导小组

组　　长　申长雨

成　　员　（按姓氏笔画排序）

于慈珂　王焕良　毕　因　刘慧玲　宋晓明

汪学军　杨宗仁　诸敏刚　崔守东

编辑委员会

主　　编　甘绍宁

副 主 编　毕　因　诸敏刚　刘菊芳

成　　员　（按姓氏笔画排序）

王润贵　刘　毅　杜纪山　杨国鑫　张建忠

林祥明　段玉萍　夏君丽　黄建华

编辑人员

责任编辑　崔开丽　吴亚平

特约编辑　（按姓氏笔画排序）

王　燕　王莉莎　叶婷婷　刘　磊　李　虎

何晓丹　张　博　张芬涛　龚玉梅

目　　录

I 专　　利

► 一、专利申请与授权状况

表 1　国内外三种专利申请年度状况（1985.4~2017.12）　/ 3
Distribution of Annual Applications for Three Kinds of Patents from Home and Abroad（1985.4–2017.12）

表 2　国内三种专利申请量（2017.1~2017.12）　/ 4
Distribution of Applications for Three Kinds of Patents from Home（2017.1–2017.12）

表 3　国外三种专利申请量（2017.1~2017.12）　/ 7
Distribution of Applications for Three Kinds of Patents from Abroad（2017.1–2017.12）

表 4　国内外三种专利申请授权年度状况（1985.12~2017.12）　/ 14
Distribution of Annual Grants for Three Kinds of Patents Received from Home and Abroad（1985.12–2017.12）

表 5　国内三种专利申请授权量（1985.12~2017.12）　/ 15
Distribution of Grants for Three Kinds of Patents Received from Home（1985.12–2017.12）

表 6　国外三种专利申请授权量（1985.12~2017.12）　/ 18
Distribution of Grants for Three Kinds of Patents Received from Abroad（1985.12–2017.12）

表 7　国内外三种专利有效状况（2017.12）　/ 26
Distribution of Patents in Force for Three Kinds Received from Home and Abroad（2017.12）

表 8　国内三种专利有效量（2017.12）　/ 27
Distribution of Patents in Force for Three Kinds Received from Home（2017.12）

表 9　国外三种专利有效量（2017.12）　/ 30
Distribution of Patents in Force for Three Kinds Received from Abroad（2017.12）

表 10　国际申请业务进展统计表（1985.4~2017.12）　/ 38
Statistics of PCT International Applications（1985.4–2017.12）

► 二、专利行政执法

表 11 2017 年各地区管理专利工作的部门专利执法统计表 / 39
Statistics of Patent Enforcement of the Administrative Authorities for Patent Affairs in 2017

► 三、中国专利金奖

表 12 中国专利金奖分布统计表 / 42
Statistics of Distribution of China Patent Gold Awards

Ⅱ 商 标

► 一、商标申请与注册

表 1 2017 年度商标申请与注册概况表 / 47
Statistics of Trademark Applications and Registrations in 2017
表 2 2017 年度各省、自治区、直辖市商标申请与注册统计表 / 49
Statistics of Domestic Trademark Applications and Registrations in 2017 (by Province / Autonomous Region/Municipality)
表 3 2017 年度外国（地区）在华商标申请统计表 / 51
Statistics of Foreign(Region)Trademark Applications in China in 2017
表 4 2017 年度外国（地区）在华商标注册统计表 / 61
Statistics of Foreign (Region)Trademark Registrations in China in 2017
表 5 2017 年度按类申请和注册商标统计表 / 70
Statistics of Trademark Applications and Registrations by Class in 2017
表 6 1979~2017 年商标注册申请及核准注册商标统计表 / 72
Statistics of Trademark Applications and Registrations Approved，1979–2017

► 二、商标评审案件

表 7 2017 年度商标评审案件统计表 / 74
Statistics of Trademark Cases Reviewed and Adjudicated in 2017

► 三、商标行政执法案件

表 8 2017 年全国查处商标一般违法案件统计表 / 75
Statistics of Common Cases of Trademark Offense Nationwide in 2017 / 76

表 9　2017 年全国查处商标侵权假冒案件统计表（一）　/ 77
表 9　2017 年全国查处商标侵权假冒案件统计表（二）　/ 78
Statistics of Trademark Infringement and Counterfeit Cases Nationwide in 2017（One）　/ 79
Statistics of Trademark Infringement and Counterfeit Cases Nationwide in 2017（Two）　/ 80

Ⅲ 版　　权

表 1　2017 年全国版权合同登记情况统计表　/ 83
Statistics of Registration of Copyright Contract Nationwide in 2017
表 2　2017 年全国作品登记分类情况统计表　/ 85
Statistics of Registration of Works Nationwide by Class in 2017
表 3　2017 年版权输出地汇总表　/ 88
Summary of Destinations of Copyright Exported in 2017
表 4　2017 年版权引进地汇总表　/ 90
Summary of Origins of Copyright Imported in 2017
表 5　2017 年全国版权执法情况统计表　/ 92
Statistics of Copyright Law Enforcement in 2017

Ⅳ 集成电路布图设计

表 1　2017 年集成电路布图设计登记申请统计表　/ 95
Statistics of Applications for Registration of Layout-design of Integrated Circuits in 2017
表 2　2017 年集成电路布图设计登记发证统计表　/ 97
Statistics of Issued Certificates of Layout-design of Integrated Circuits in 2017

Ⅴ 农业植物新品种

1999~2017 年品种权申请情况汇总表　/ 101
Summary of Agricultural PBR's Applications and Grants，1999-2017
表 1　根据植物种类划分的统计表　/ 101
Statistics of Classification by Plant Kind
表 2　根据单位性质划分的统计表　/ 108
Statistics of Classification by Character of Units

表 3　根据地区划分的统计表 / 109
Statistics of Classification by Region
表 4　1999~2017 年国外植物新品种权申请情况统计表 / 112
Statistics of Application for Foreign Plant Variety Right, 1999–2017

VI　林业植物新品种

表 1　1999~2017 年林业植物新品种申请量和授权量统计表 / 121
Statistics of Forestry PBR's Applications and Grants，1999–2017
表 2　1999~2017 年林业授权品种中不同植物类别授权量统计 / 122
Statistics of Grants Classification by Different Plant Species in Forestry PBR's Grants，1999–2017
表 3　1999~2017 年林业授权品种中不同申请国家的授权量统计 / 123
Statistics of Grants Classification by Nationality of Applicants in Forestry PBR's Grants，1999–2017
表 4　1999~2017 年各国授权品种的属（种）授权量统计 / 123
Statistics of Grants Classification by Nationality of Titles Holder，1999–2017
表 5　1999~2017 年林业授权品种中不同植物类别品种权人的授权量统计 / 124
Statistics of Grants Classification by Kind of Plant Titles Holder in Forestry PBR's Grants，1999–2017

VII　海关知识产权保护

表 1　2017 年海关扣留货物涉及的知识产权类型统计表 / 129
Statistics of Intellectual Property Rights of Seized Goods in 2017
表 2　2017 年海关扣留货物的进出口流向统计表 / 129
Statistics of Seized Goods Imported and Exported in 2017
表 3　2017 年海关扣留货物的商品类别统计表 / 129
Statistics of Categories of Infringing Goods Seized in 2017
表 4　2017 年海关扣留货物的运输方式统计表 / 131
Statistics of Transportation Means of Infringing Goods in 2017
表 5　2017 年海关知识产权执法模式统计表 / 131
Statistics of Types of Enforcement Actions in 2017
表 6　2017 年海关保护的知识产权权利人来源情况统计表 / 131
Statistics of Country（Region）of Intellectual Property Rights Holders Protected in 2017

Ⅷ　知识产权司法保护

表 1　2017 年全国法院受理和审结各类知识产权案件统计表　/ 137
Statistics of Intellectual Property Cases Accepted and Concluded by the People's Courts Nationwide in 2017
表 2　2017 年全国检察机关办理侵犯知识产权案件情况统计表　/ 140
Statistics of Infringement of Intellectual Property Cases by the People's Procuratorate Nationwide in 2017

I

专　利

一、专利申请与授权状况

表1　国内外三种专利申请年度状况（1985.4~2017.12）　（单位：件）

Distribution of Annual Applications for Three Kinds of Patents from Home and Abroad（1985.4–2017.12）　（unit:piece）

	年份 Year	合计 Total	发明 Invention	实用新型 Utility Model	外观设计 Design
合计 Total	1985~2012	10 716 477	3 502 683	3 737 533	3 476 261
	2013	2 377 061	825 136	892 362	659 563
	2014	2 361 243	928 177	868 511	564 555
	2015	2 798 500	1 101 864	1 127 577	569 059
	2016	3 464 824	1 338 503	1 475 977	650 344
	2017	3 697 845	1 381 594	1 687 593	628 658
国内 Domestic	1985~2012	9 412 188	2 379 272	3 710 715	3 322 201
	2013	2 234 560	704 936	885 226	644 398
	2014	2 210 616	801 135	861 053	548 428
	2015	2 639 446	968 251	1 119 714	551 481
	2016	3 305 225	1 204 981	1 468 295	631 949
	2017	3 536 333	1 245 709	1 679 807	610 817
国外 Foreign	1985~2012	1 304 289	1 123 411	26 818	154 060
	2013	142 501	120 200	7136	15 165
	2014	150 627	127 042	7458	16 127
	2015	159 054	133 613	7863	17 578
	2016	159 599	133 522	7682	18 395
	2017	161 512	135 885	7786	17 841

注：2016年及之前数据为专利申请受理量，2017年数据为专利申请量。

表2　国内三种专利申请量（2017.1~2017.12）　（单位：件）

Distribution of Applications for Three Kinds of Patents from Home（2017.1–2017.12）（unit:piece）

地区 Region	2017年 Year 2017		
	发明 Invention	实用新型 Utility Model	外观设计 Design
全国总计 Total	1 245 709	1 679 807	610 817
北京 Beijing	99 167	68 400	18 361
天津 Tianjin	25 652	56 675	4669
河北 Hebei	13 982	36 134	11 172
山西 Shanxi	7379	11 719	1599
内蒙古 Inner Mongolia	2845	7 468	1388
辽宁 Liaoning	20 500	25 456	3915
吉林 Jilin	7780	10 964	1706
黑龙江 Heilongjiang	10 607	17 963	2388
上海 Shanghai	54 630	60 925	16 185
江苏 Jiangsu	187 005	219 503	107 894
浙江 Zhejiang	98 975	191 372	86 768
安徽 Anhui	93 527	72 333	10 012
福建 Fujian	26 456	76 724	24 899
江西 Jiangxi	11 507	39 496	19 588
山东 Shandong	67 772	118 252	18 835
河南 Henan	35 625	66 803	16 812
湖北 Hubei	51 569	49 744	8921

（续表 cont'd）

地区 Region	2017年 Year 2017		
	发明 Invention	实用新型 Utility Model	外观设计 Design
湖南 Hunan	31 365	33 073	13 496
广东 Guangdong	182 639	283 564	161 631
广西 Guangxi	37 976	14 595	4417
海南 Hainan	1627	2242	695
重庆 Chongqing	19 297	37 525	7826
四川 Sichuan	64 642	73 789	29 053
贵州 Guizhou	13 885	16 898	3827
云南 Yunnan	7801	17 867	3027
西藏 Tibet	273	652	172
陕西 Shaanxi	46 607	31 595	20 733
甘肃 Gansu	5785	13 691	4972
青海 Qinghai	949	1 946	286
宁夏 Ningxia	2561	5633	381
新疆 Xinjiang	3207	8927	2126
香港 Hong Kong	1232	1098	1577
澳门 Macao	83	66	57
台湾 Taiwan	10 802	6 715	1 429
广州 Guangzhou	37 041	53 508	28 026
长春 Changchun	6254	7799	946
武汉 Wuhan	23 243	22 916	3567
南京 Nanjing	37 343	29 764	8484

（续表 cont'd）

地区 Region	2017年 Year 2017		
	发明 Invention	实用新型 Utility Model	外观设计 Design
杭州 Hangzhou	25 690	35 143	15 105
西安 Xi'an	40 669	22 842	18 235
济南 Jinan	11 740	16 724	2345
沈阳 Shenyang	9872	9542	1464
成都 Chengdu	47 035	46 680	20 269
大连 Dalian	6103	6847	834
厦门 Xiamen	5816	13 929	4887
哈尔滨 Harbin	8684	11 347	1295
深圳 Shenzhen	60 263	75 581	41 340
青岛 Qingdao	22 485	28 363	3491
宁波 Ningbo	18 497	26 070	17 537
新疆建设兵团 Xinjiang Bingtuan	498	1322	74

表3 国外三种专利申请量（2017.1~2017.12） （单位：件）

Distribution of Applications for Three Kinds of Patents from Abroad（2017.1–2017.12） **（unit：piece）**

国家和地区 Country and Region	2017年 Year 2017		
	发明 Invention	实用新型 Utility Model	外观设计 Design
合计 Total	135 885	7786	17 841
安道尔 Andorra	1	0	0
阿联酋 United Arab Emirates	28	3	23
阿富汗 Afghanistan	0	0	2
安圭拉 Anguilla	2	0	0
荷属安的列斯群岛 Netherlands Antilles	1	0	0
阿根廷 Argentina	11	1	3
奥地利 Austria	828	37	59
澳大利亚 Australia	675	57	226
巴巴多斯 Barbados	70	3	62
孟加拉国 Bangladesh	0	0	1
比利时 Belgium	708	27	93
保加利亚 Bulgaria	8	3	1
百慕大群岛 Bermuda	72	2	0
文莱 Brunei	1	4	0
巴西 Brazil	133	15	6

（续表 cont'd）

国家和地区 Country and Region	2017年 Year 2017		
	发明 Invention	实用新型 Utility Model	外观设计 Design
巴哈马 Bahamas	5	0	0
伯利兹 Belize	4	5	0
加拿大 Canada	984	84	118
刚果民主共和国 Democratic Republic of the Congo	2	1	0
中非 Central African	1	0	0
瑞士 Switzerland	3431	156	815
库克群岛 Cook Islands	0	1	7
智利 Chile	22	0	0
哥伦比亚 Colombia	2	0	4
哥斯达黎加 Costa Rica	1	0	0
塞浦路斯 Cyprus	19	5	9
捷克 Czech	44	14	112
德国 Germany	14 342	879	1639
丹麦 Denmark	871	25	97
多米尼加 Dominican	0	1	4
阿尔及利亚 Algeria	0	0	1
厄瓜多尔 Ecuador	1	0	1
爱沙尼亚 Estonia	8	1	6

（续表 cont'd）

国家和地区 Country and Region	2017年 Year 2017		
	发明 Invention	实用新型 Utility Model	外观设计 Design
埃及 Egypt	2	0	0
西班牙 Spain	378	27	196
芬兰 Finland	877	79	128
斐济 Fiji	2	0	0
法国 France	4926	313	651
英国 U.K.	2296	117	708
格鲁吉亚 Georgia	1	0	3
直布罗陀 Gibraltar	3	1	0
希腊 Greece	32	1	1
危地马拉 Guatemala	1	0	0
克罗地亚 Croatia	5	0	0
匈牙利 Hungary	28	1	12
印度尼西亚 Indonesia	3	0	9
爱尔兰 Ireland	251	10	25
以色列 Israel	884	38	70
印度 India	277	17	36
伊朗 Iran	1	5	0
冰岛 Iceland	11	0	0

（续表 cont'd）

国家和地区 Country and Region	2017年 Year 2017		
	发明 Invention	实用新型 Utility Model	外观设计 Design
意大利 Italy	1695	155	558
牙买加 Jamaica	1	0	0
日本 Japan	40 908	2070	3756
肯尼亚 Kenya	2	0	0
吉尔吉斯斯坦 Kyrgyzstan	0	0	1
圣基茨和尼维斯 Saint Kitts and Nevis	1	0	0
朝鲜 D.P.R.K.	2	0	0
韩国 Korea	13 180	809	2592
科威特 Kuwait	2	0	1
开曼群岛 Cayman Islands	2867	82	274
哈萨克斯坦 Kazakhstan	2	0	0
黎巴嫩 Lebanon	4	1	1
列支敦士登 Liechtenstein	138	3	39
斯里兰卡 Sri Lanka	3	0	0
利比里亚 Liberia	1	0	0
立陶宛 Lithuania	6	1	1
卢森堡 Luxembourg	345	10	72
拉脱维亚 Latvia	1	1	0

（续表 cont'd）

国家和地区 Country and Region	2017年 Year 2017		
	发明 Invention	实用新型 Utility Model	外观设计 Design
摩洛哥 Morocco	2	0	0
摩纳哥 Monaco	8	0	0
马里 Mali	7	4	2
缅甸 Myanmar	0	0	1
蒙古 Mongolia	0	1	0
马耳他 Malta	47	0	1
毛里求斯 Mauritius	1	0	1
墨西哥 Mexican	40	0	14
马来西亚 Malaysia	65	20	22
尼日利亚 Nigeria	1	0	2
荷兰 Netherlands	3267	104	337
挪威 Norway	211	5	22
新西兰 New Zealand	197	13	53
阿曼 Oman	3	0	0
巴拿马 Panama	3	0	0
秘鲁 Peru	2	0	0
菲律宾 Philippines	15	8	1
巴基斯坦 Pakistan	0	0	3

（续表 cont'd）

国家和地区 Country and Region	2017年 Year 2017		
	发明 Invention	实用新型 Utility Model	外观设计 Design
波兰 Poland	68	7	21
波多黎各 Puerto Rico	1	0	1
葡萄牙 Portugal	38	0	7
卡塔尔 Qatar	3	0	2
罗马尼亚 Romania	5	0	1
塞尔维亚 Serbia	2	1	1
俄罗斯联邦 Russia	154	23	44
沙特阿拉伯 Saudi Arabia	87	3	80
塞舌尔 Seychelles	25	6	1
瑞典 Sweden	1842	53	367
新加坡 Singapore	1015	520	148
斯洛文尼亚 Slovenia	13	0	10
斯洛伐克 Slovakia	7	0	4
泰国 Thailand	86	19	36
土库曼斯坦 Turkmenistan	1	0	0
土耳其 Turkey	62	6	17
乌克兰 Ukraine	14	3	13
美国 U.S.A.	36 980	1876	4066

（续表 cont'd）

国家和地区 Country and Region	2017年 Year 2017		
	发明 Invention	实用新型 Utility Model	外观设计 Design
乌拉圭 Uruguay	4	0	0
乌兹别克斯坦 Uzbekistan	2	0	0
圣文森特和格林纳丁斯 St.Vincent and the Grenadines	1	0	0
英属维尔京群岛 British Virgin Islands	99	34	91
越南 Viet Nam	4	0	26
萨摩亚 Samoa	31	12	1
南非 South Africa	61	3	22

表4 国内外三种专利申请授权年度状况（1985.12~2017.12） （单位：件）
Distribution of Annual Grants for Three Kinds of Patents Received from Home and Abroad（1985.12–2017.12） （unit：piece）

	年份 Year	合计 Total	发明 Invention	实用新型 Utility Model	外观设计 Design
合计 Total	1985~2012	6 113 010	1 110 971	2 692 391	2 309 648
	2013	1 313 000	207 688	692 845	412 467
	2014	1 302 687	233 228	707 883	361 576
	2015	1 718 192	359 316	876 217	482 659
	2016	1 753 763	404 208	903 420	446 135
	2017	1 836 434	420 144	973 294	442 996
国内 Domestic	1985~2012	5 431 559	592 328	2 671 301	2 167 930
	2013	1 228 413	143 535	686 208	398 670
	2014	1 209 402	162 680	699 971	346 751
	2015	1 596 977	263 436	868 734	464 807
	2016	1 628 881	302 136	897 035	429 710
	2017	1 720 828	326 970	967 416	426 442
国外 Foreign	1985~2012	681 738	518 643	21 336	141 759
	2013	84 587	64 153	6637	13 797
	2014	93 285	70 548	7912	14 825
	2015	121 215	95 880	7483	17 852
	2016	124 882	102 072	6385	16 425
	2017	115 606	93 174	5878	16 554

表5　国内三种专利申请授权量（1985.12 ~ 2017.12）　（单位：件）
Distribution of Grants for Three Kinds of Patents Received from Home（1985.12–2017.12）　（unit：piece）

地区 Region	总累计 Accumulated Number			2017年 Year 2017		
	发明 Invention	实用新型 Utility Model	外观设计 Design	发明 Invention	实用新型 Utility Model	外观设计 Design
全国合计 Total	1 791 085	6 790 665	4 234 310	326 970	967 416	426 442
北京 Beijing	253 466	365 829	99 548	46 091	46 011	14 846
天津 Tianjin	38 034	190 548	35 159	5844	32 353	3478
河北 Hebei	25 998	154 735	50 549	4927	21 841	8580
山西 Shanxi	16 689	57 065	13 175	2382	7730	1199
内蒙古 Inner Mongolia	5856	30 957	9889	848	4453	970
辽宁 Liaoning	49 288	195 129	34 465	7 708	15 821	2966
吉林 Jilin	18 481	58 495	13 054	3057	6673	1360
黑龙江 Heilongjiang	29 020	114 619	33 175	4947	11 395	1879
上海 Shanghai	130 876	317 376	173 093	20 681	39 942	12 183
江苏 Jiangsu	206 966	848 299	970 053	41 518	126 482	59 187
浙江 Zhejiang	145 638	875 434	784 131	28 742	114 311	70 752
安徽 Anhui	57 463	264 243	80 804	12 440	38 304	7469
福建 Fujian	37 174	227 947	148 559	8718	39 608	19 978
江西 Jiangxi	11 463	86 785	54 075	2238	17 613	13 178

（续表 cont'd）

地区 Region	总累计 Accumulated Number			2017年 Year 2017		
	发明 Invention	实用新型 Utility Model	外观设计 Design	发明 Invention	实用新型 Utility Model	外观设计 Design
山东 Shandong	103 866	578 102	133 933	19 090	67 005	14 427
河南 Henan	38 673	232 310	71 960	7914	35 822	11 671
湖北 Hubei	52 872	198 681	53 612	10 880	28 867	6622
湖南 Hunan	44 087	159 208	69 114	7909	20 337	9670
广东 Guangdong	245 776	865 522	928 363	45 740	169 017	117 895
广西 Guangxi	20 604	55 154	22 130	4553	7755	2962
海南 Hainan	3250	7959	4750	373	1285	475
重庆 Chongqing	27 963	160 148	65 839	6138	23 261	5381
四川 Sichuan	58 321	233 143	188 281	11 367	33 613	19 026
贵州 Guizhou	10 632	46 682	24 837	1875	7986	2698
云南 Yunnan	15 160	55 073	19 341	2259	10 085	1886
西藏 Tibet	362	836	1042	42	257	121
陕西 Shaanxi	46 980	128 066	59 858	8774	17 003	8777
甘肃 Gansu	8629	35 233	8887	1340	6637	1695
青海 Qinghai	1399	5024	2403	240	1079	261
宁夏 Ningxia	2827	12 495	3416	657	3345	242
新疆 Xinjiang	5877	39 365	12 066	950	5630	1514
香港 Hong Kong	5299	11 115	27 775	554	751	1583

（续表 cont'd）

地区 Region	总累计 Accumulated Number			2017年 Year 2017		
	发明 Invention	实用新型 Utility Model	外观设计 Design	发明 Invention	实用新型 Utility Model	外观设计 Design
澳门 Macao	123	277	458	16	19	104
台湾 Taiwan	71 973	178 811	36 516	6158	5125	1407
广州 Guangzhou	47 671	148 439	133 205	9349	32 201	18 720
长春 Changchun	13 857	30 814	6197	2605	4795	789
武汉 Wuhan	41 461	106 380	23 056	8444	14 260	2824
南京 Nanjing	54 718	102 252	41 098	10 730	17 351	4144
杭州 Hangzhou	58 402	177 979	113 864	9875	21 326	11 110
西安 Xi'an	40 821	92 806	42 224	7990	11 784	5575
济南 Jinan	25 616	94 259	13 662	5043	10 452	1852
沈阳 Shenyang	20 251	61 944	13 565	3373	5498	1020
成都 Chengdu	39 900	139 885	143 325	7990	19 687	13 414
大连 Dalian	16 333	54 878	7984	2604	4497	667
厦门 Xiamen	10 939	50 621	29 345	2336	8193	4175
哈尔滨 Harbin	23 662	58 275	15 908	4275	6 852	990
深圳 Shenzhen	130 398	252 267	189 463	18 938	44 471	30 883
青岛 Qingdao	28 160	95 838	28 710	5941	15 088	2857
宁波 Ningbo	28 558	171 744	197 924	5382	16 518	15 093
新疆建设兵团 Xinjiang Bingtuan	852	4236	404	199	852	106

表6 国外三种专利申请授权量（1985.12~2017.12） （单位：件）
Distribution of Grants for Three Kinds of Patents Received from Abroad（1985.12–2017.12） （unit：piece）

国家和地区 Country and Region	总累计 Accumulated Number			2017年 Year 2017		
	发明 Invention	实用新型 Utility Model	外观设计 Design	发明 Invention	实用新型 Utility Model	外观设计 Design
合计 Total	944 469	55 385	221 165	93 174	5878	16 554
安道尔 Andorra	5	1	2	0	0	0
阿联酋 United Arab Emirates	44	19	178	16	3	14
阿富汗 Afghanistan	0	0	10	0	0	0
安提瓜和巴布达 Antigua and Barbuda	4	0	3	0	0	0
安圭拉 Anguilla	0	2	0	0	0	0
阿尔巴尼亚 Albania	0	1	1	0	1	1
亚美尼亚 Armenia	4	0	1	0	0	0
荷属安的列斯群岛 Netherlands Antilles	214	1	9	3	0	0
安哥拉 Angola	0	0	1	0	0	0
阿根廷 Argentina	42	11	18	3	0	2
美属萨摩亚 American Samoa	1	1	0	0	0	0
奥地利 Austria	5266	278	869	832	41	47
澳大利亚 Australia	5235	530	2780	383	64	192
阿塞拜疆 Azerbaijan	2	1	0	0	1	0
波斯尼亚和黑塞哥维那 Bosnia and Herzegovina	0	0	1	0	0	0
巴巴多斯 Barbados	656	12	115	104	1	41
孟加拉国 Bangladesh	0	1	3	0	0	0
比利时 Belgium	4774	148	750	493	25	69

（续表 cont'd）

国家和地区 Country and Region	总累计 Accumulated Number			2017年 Year 2017		
	发明 Invention	实用新型 Utility Model	外观设计 Design	发明 Invention	实用新型 Utility Model	外观设计 Design
保加利亚 Bulgaria	35	5	27	3	0	1
巴林岛 Bahrain	1	0	0	0	0	0
贝宁 Benin	0	0	1	0	0	0
百慕大群岛 Bermuda	454	106	104	52	0	0
文莱 Brunei	28	33	28	3	0	0
巴西 Brazil	725	100	468	73	17	12
巴哈马 Bahamas	132	19	48	6	0	0
白俄罗斯 Belarus	8	0	6	0	0	0
伯利兹 Belize	5	56	12	2	6	0
加拿大 Canada	7301	470	1531	667	49	114
刚果民主共和国 Democratic Republic of the Congo	0	0	7	0	0	0
中非 Central African	0	0	2	0	0	0
瑞士 Switzerland	25 155	1354	8080	2453	166	698
科特迪瓦 Ivory Coast	0	0	1	0	0	0
库克群岛 Cook Islands	4	1	16	0	0	1
智利 Chile	76	6	4	9	1	0
喀麦隆 Cameroon	1	0	0	0	0	0
哥伦比亚 Colombia	29	3	17	3	0	5
哥斯达黎加 Costa Rica	2	0	1	1	0	0
捷克斯洛伐克 Czechoslovakia	23	6	3	0	0	0

（续表 cont'd）

国家和地区 Country and Region	总累计 Accumulated Number			2017年 Year 2017		
	发明 Invention	实用新型 Utility Model	外观设计 Design	发明 Invention	实用新型 Utility Model	外观设计 Design
古巴 Cuba	104	0	2	3	0	0
塞浦路斯 Cyprus	144	20	66	15	2	8
捷克 Czech	200	88	797	27	9	91
德国 Germany	94 416	4992	18 932	11 240	606	1559
丹麦 Denmark	5600	263	1960	570	18	134
多米尼加 Dominican	5	3	4	0	1	4
阿尔及利亚 Algeria	2	2	2	1	1	0
厄瓜多尔 Ecuador	3	1	5	0	0	0
爱沙尼亚 Estonia	19	3	23	0	0	4
埃及 Egypt	8	8	21	1	1	0
西班牙 Spain	2091	242	1933	224	21	136
埃塞俄比亚 Ethiopia	0	1	1	0	0	0
芬兰 Finland	9357	454	1795	814	47	91
斐济 Fiji	0	8	1	0	0	0
福克兰群岛（马尔维纳斯群岛） Falkland Islands	0	0	1	0	0	0
法国 France	35 291	1698	9148	3382	196	607
加蓬 Gabon	2	0	0	0	0	0
英国 U.K.	15 690	930	6218	1449	99	562
格鲁吉亚 Georgia	2	1	7	0	1	0
直布罗陀 Gibraltar	24	1	4	4	0	0

（续表 cont'd）

国家和地区 Country and Region	总累计 Accumulated Number			2017年 Year 2017		
	发明 Invention	实用新型 Utility Model	外观设计 Design	发明 Invention	实用新型 Utility Model	外观设计 Design
希腊 Greece	125	2	71	11	0	6
危地马拉 Guatemala	0	0	6	0	0	0
洪都拉斯 Honduras	0	0	1	0	0	0
克罗地亚 Croatia	57	5	6	0	0	0
海地 Haiti	0	0	1	0	0	0
匈牙利 Hungary	417	19	28	21	0	1
印度尼西亚 Indonesia	35	19	140	2	1	9
爱尔兰 Ireland	1253	57	220	195	3	13
以色列 Israel	2972	254	700	423	18	62
印度 India	1322	64	398	134	12	16
伊拉克 Iraq	0	3	4	0	0	0
伊朗 Iran	5	12	36	0	8	14
冰岛 Iceland	148	1	1	14	0	0
意大利 Italy	12 009	793	7507	1123	121	599
泽西岛 Jersey Island	5	0	0	0	0	0
牙买加 Jamaica	3	0	0	1	0	0
约旦 Jordan	6	5	9	1	0	0
日本 Japan	367 526	19 780	73 752	31 090	1598	3536
肯尼亚 Kenya	1	0	1	0	0	0
吉尔吉斯斯坦 Kyrgyzstan	4	0	0	0	0	0

（续表 cont'd）

国家和地区 Country and Region	总累计 Accumulated Number			2017年 Year 2017		
	发明 Invention	实用新型 Utility Model	外观设计 Design	发明 Invention	实用新型 Utility Model	外观设计 Design
圣基茨和尼维斯 Saint Kitts and Nevis	1	1	0	0	0	0
朝鲜 D.P.R.K.	11	4	0	0	0	0
韩国 Korea	72 568	4184	23 499	7 857	624	2626
科威特 Kuwait	6	0	4	0	0	1
开曼群岛 Cayman Islands	2105	335	1562	543	51	295
哈萨克斯坦 Kazakhstan	15	8	0	1	0	0
黎巴嫩 Lebanon	7	8	7	1	0	2
列支敦士登 Liechtenstein	850	13	619	101	2	32
斯里兰卡 Sri Lanka	7	2	24	0	0	0
利比里亚 Liberia	2	0	1	0	0	0
莱索托 Lesotho	0	1	0	0	0	0
立陶宛 Lithuania	3	1	9	0	0	0
卢森堡 Luxembourg	1127	124	491	149	9	63
拉脱维亚 Latvia	29	3	11	2	0	0
摩洛哥 Morocco	8	2	43	0	0	0
摩纳哥 Monaco	68	9	21	3	0	1
摩尔多瓦 Moldova	1	0	1	0	0	0
马达加斯加 Madagascar	2	0	0	0	0	0
马绍尔群岛 Marshall Islands	5	3	0	2	0	0
马其顿 Macedonia	1	0	0	0	0	0

（续表 cont'd）

国家和地区 Country and Region	总累计 Accumulated Number			2017年 Year 2017		
	发明 Invention	实用新型 Utility Model	外观设计 Design	发明 Invention	实用新型 Utility Model	外观设计 Design
马里 Mali	4	8	10	0	2	3
缅甸 Myanmar	0	0	5	0	0	1
蒙古 Mongolia	5	2	1	0	0	0
马耳他 Malta	106	9	12	22	0	2
毛里求斯 Mauritius	70	28	44	3	0	2
马尔代夫 Maldives	1	0	0	0	0	0
墨西哥 Mexican	246	12	215	19	0	17
马来西亚 Malaysia	372	172	606	31	15	22
纳米比亚 Namibia	2	0	0	1	0	0
尼日利亚 Nigeria	0	2	14	0	0	2
荷兰 Netherlands	27 655	553	4743	2278	71	283
挪威 Norway	2021	41	357	172	6	27
尼泊尔 Nepal	0	2	1	0	0	0
新西兰 New Zealand	732	79	398	88	11	54
阿曼 Oman	2	0	0	1	0	0
巴拿马 Panama	229	9	42	2	0	2
秘鲁 Peru	3	2	0	0	0	0
巴布亚新几内亚 Papua New Guinea	0	0	2	0	0	0
菲律宾 Philippines	38	31	33	8	0	4
巴基斯坦 Pakistan	3	3	15	0	0	4

（续表 cont'd）

国家和地区 Country and Region	总累计 Accumulated Number			2017年 Year 2017		
	发明 Invention	实用新型 Utility Model	外观设计 Design	发明 Invention	实用新型 Utility Model	外观设计 Design
波兰 Poland	254	23	169	37	1	19
波多黎各 Puerto Rico	6	1	4	3	0	1
葡萄牙 Portugal	119	3	75	11	0	6
巴拉圭 Paraguay	0	0	3	0	0	2
卡塔尔 Qatar	9	0	6	5	0	2
罗马尼亚 Romania	14	2	7	0	0	0
塞尔维亚 Serbia	7	1	0	1	0	0
俄罗斯 Russia	968	260	275	96	19	30
沙特阿拉伯 Saudi Arabia	428	11	442	111	0	80
塞舌尔 Seychelles	60	41	38	7	3	1
瑞典 Sweden	15 944	482	3270	1376	44	440
新加坡 Singapore	2694	819	1257	471	330	50
斯洛文尼亚 Slovenia	183	1	62	23	0	10
斯洛伐克 Slovakia	42	3	45	7	0	3
圣马力诺 San Marino	5	3	2	0	0	0
塞内加尔 Senegal	0	0	1	0	0	0
萨尔瓦多 El Salvador	2	0	0	0	0	0
叙利亚 Syria	1	1	3	0	0	0
斯威士兰 Swaziland	1	0	0	0	0	0
特克斯和凯科斯群岛 Turks and Caicos Islands	0	0	1	0	0	0

（续表 cont'd）

国家和地区 Country and Region	总累计 Accumulated Number			2017年 Year 2017		
	发明 Invention	实用新型 Utility Model	外观设计 Design	发明 Invention	实用新型 Utility Model	外观设计 Design
乍得 Chad	0	1	0	0	0	0
泰国 Thailand	111	90	354	10	6	39
突尼斯 Tunisia	4	0	2	3	0	0
土耳其 Turkey	382	74	474	43	5	16
特立尼达和多巴哥 Trinidad and Tobago	3	0	2	0	0	0
坦桑尼亚 Tanzania	0	1	1	0	0	0
乌克兰 Ukraine	64	21	22	7	0	8
乌干达 Uganda	0	0	2	0	0	0
美国 U.S.A.	213 720	14 229	41 233	23 673	1487	3616
乌拉圭 Uruguay	13	1	1	1	0	0
乌兹别克斯坦 Uzbekistan	5	1	0	0	0	0
圣文森特和格林纳丁斯 St.Vincent and the Grenadines	9	0	0	0	0	0
委内瑞拉 Venezuela	42	0	8	2	0	0
英属维尔京群岛 British Virgin Islands	1235	618	1430	93	43	79
越南 Vietnam	11	4	85	2	0	38
瓦努阿图 Vanuatu	5	0	0	0	0	0
萨摩亚 Samoa	33	117	54	5	8	2
也门 Yemen	0	0	9	0	0	3
南斯拉夫 Yugoslavia	17	0	7	0	0	0
南非 South Africa	698	31	132	52	3	17
赞比亚 Zambia	0	1	0	0	0	0
津巴布韦 Zimbabwe	3	0	1	0	0	0

表7 国内外三种专利有效状况（2017.12） （单位：件）

Distribution of Patents in Force for Three Kinds Received from Home and Abroad（2017.12） （unit：piece）

	年份 Year	合计 Total	发明 Invention	实用新型 Utility Model	外观设计 Design
合计 Total	2013	4 195 139	1 033 908	1 936 789	1 224 442
	2014	4 642 506	1 196 497	2 291 326	1 154 683
	2015	5 477 625	1 472 374	2 732 554	1 272 697
	2016	6 285 238	1 772 203	3 154 485	1 358 550
	2017	7 147 608	2 085 367	3 603 187	1 459 054
国内 Domestic	2013	3 635 929	586 493	1 917 122	1 132 314
	2014	4 032 362	708 690	2 265 224	1 058 448
	2015	4 792 356	921 757	2 700 833	1 169 766
	2016	5 527 183	1 158 203	3 118 410	1 250 570
	2017	6 324 215	1 413 911	3 563 389	1 346 915
国外 Foreign	2013	559 210	447 415	19 667	92 128
	2014	610 144	487 807	26 102	96 235
	2015	685 269	550 617	31 721	102 931
	2016	758 055	614 000	36 075	107 980
	2017	823 393	671 456	39 798	112 139

*有效量：报告期末处于专利权维持状态的案卷数量。统计范围为：发明、实用新型、外观设计。与申请量和授权量不同，有效量是存量数据而非流量数据。

表8 国内三种专利有效量（2017.12） （单位：件）

Distribution of Patents in Force for Three Kinds Received from Home（2017.12）

（unit：piece）

地区 Region	2017年 Year 2017			
	合计 Total	发 明 Invention	实用新型 Utility Model	外观设计 Design
全国总计 Total	6 324 215	1 413 911	3 563 389	1 346 915
北京 Beijing	494 941	205 320	231 317	58 304
天津 Tianjin	144 706	28 601	103 717	12 388
河北 Hebei	128 291	21 499	80 716	26 076
山西 Shanxi	44 848	11 675	28 663	4510
内蒙古 Inner Mongolia	23 846	4505	15 592	3749
辽宁 Liaoning	113 693	33 270	69 555	10 868
吉林 Jilin	39 892	11 585	23 286	5021
黑龙江 Heilongjiang	65 756	20 007	39 270	6479
上海 Shanghai	329 442	100 433	182 459	46 550
江苏 Jiangsu	809 379	179 963	473 244	156 172
浙江 Zhejiang	785 190	109 952	437 039	238 199
安徽 Anhui	212 785	47 734	139 040	26 011
福建 Fujian	226 325	31 006	134 193	61 126
江西 Jiangxi	94 531	8936	54 462	31 133
山东 Shandong	351 351	74 590	227 491	49 270

（续表 cont'd）

地区 Region	2017年 Year 2017			
	合计 Total	发 明 Invention	实用新型 Utility Model	外观设计 Design
河南 Henan	174 998	28 615	115 789	30 594
湖北 Hubei	169 585	40 410	108 329	20 846
湖南 Hunan	142 224	34 774	79 679	27 771
广东 Guangdong	1 165 677	208 502	574 463	382 712
广西 Guangxi	54 582	18 157	26 744	9681
海南 Hainan	8442	2344	4545	1553
重庆 Chongqing	121 604	22 306	77 986	21 312
四川 Sichuan	215 601	44 511	120 675	50 415
贵州 Guizhou	43 048	8 408	27 291	7349
云南 Yunnan	50 223	10 551	32 474	7198
西藏 Tibet	1474	539	552	383
陕西 Shaanxi	119 892	33 752	61 741	24 399
甘肃 Gansu	28 222	6045	18 066	4 111
青海 Qinghai	5107	1182	3072	853
宁夏 Ningxia	10 288	2216	7361	711
新疆 Xinjiang	28 064	4458	18 792	4814
香港 Hong Kong	16 426	4831	4025	7570
澳门 Macao	563	98	142	323

（续表 cont'd）

地区 Region	2017年 Year 2017			
	合计 Total	发 明 Invention	实用新型 Utility Model	外观设计 Design
台湾 Taiwan	103 219	53 136	41 619	8464
广州 Guangzhou	202 389	39 492	101 938	60 959
长春 Changchun	28 059	8844	16 193	3022
武汉 Wuhan	99 004	30 962	58 532	9510
南京 Nanjing	120 100	41 515	65 106	13 479
杭州 Hangzhou	174 053	43 917	92 085	38 051
西安 Xi'an	92 972	30 189	46 813	15 970
济南 Jinan	63 368	18 246	38 608	6514
沈阳 Shenyang	39 859	13 387	22 599	3873
成都 Chengdu	134 168	30 540	72 075	31 553
大连 Dalian	32 846	11 371	18 950	2525
厦门 Xiamen	57 905	9 414	34 420	14 071
哈尔滨 Harbin	44 077	16 537	23 967	3573
深圳 Shenzhen	373 048	106 926	170 444	95 678
青岛 Qingdao	83 360	21 805	49 790	11 765
宁波 Ningbo	155 511	20 731	78 524	56 256
新疆建设兵团 Xinjiang Bingtuan	3627	714	2661	252

表9　国外三种专利有效量（2017.12）　（单位：件）
Distribution of Patents in Force for Three Kinds Received from Abroad（2017.12）
（unit：piece）

国家和地区 Country and Region	2017年 Year 2017			
	合计 Total	发明 Invention	实用新型 Utility Model	外观设计 Design
合计 Total	823 393	671 456	39 798	112 139
安道尔 Andorra	7	5	1	1
阿联酋 United Arab Emirates	109	49	13	47
安提瓜和巴布达 Antigua and Barbuda	6	4	0	2
安圭拉 Anguilla	3	2	1	0
阿尔巴尼亚 Albania	2	0	1	1
亚美尼亚 Armenia	3	2	0	1
荷属安的列斯群岛 Netherlands Antilles	43	43	0	0
安哥拉 Angola	1	0	0	1
阿根廷 Argentina	41	30	4	7
美属萨摩亚 American Samoa	4	1	2	1
奥地利 Austria	4729	4060	221	448
澳大利亚 Australia	4290	2810	268	1212
阿塞拜疆 Azerbaijan	2	1	1	0
波斯尼亚和黑塞哥维那 Bosnia and Herzegovina	2	1	0	1
巴巴多斯 Barbados	797	649	11	137

（续表 cont'd）

国家和地区 Country and Region	2017年 Year 2017			
	合计 Total	发明 Invention	实用新型 Utility Model	外观设计 Design
孟加拉国 Bangladesh	1	0	0	1
比利时 Belgium	4115	3572	118	425
保加利亚 Bulgaria	35	23	3	9
巴林 Bahrain	2	2	0	0
百慕大群岛 Bermuda	454	312	60	82
文莱 Brunei	16	9	7	0
巴西 Brazil	764	457	69	238
巴哈马 Bahamas	102	91	1	10
伯利兹 Belize	50	5	36	9
加拿大 Canada	6147	4990	234	923
刚果民主共和国 Democratic Republic of the Congo	13	0	0	13
瑞士 Switzerland	23 696	17 977	1249	4470
科特迪瓦 Ivory Coast	1	0	0	1
库克群岛 Cook Islands	14	3	1	10
智利 Chile	67	64	2	1
喀麦隆 Cameroon	1	1	0	0
哥伦比亚 Colombia	27	16	2	9
哥斯达黎加 Costa Rica	2	1	0	1

（续表 cont'd）

国家和地区 Country and Region	2017年 Year 2017			
	合计 Total	发明 Invention	实用新型 Utility Model	外观设计 Design
古巴 Cuba	74	74	0	0
塞浦路斯 Cyprus	131	85	14	32
捷克 Czech	590	135	46	409
德国 Germany	85 058	69 505	4049	11 504
丹麦 Denmark	5218	4064	169	985
多米尼加 Dominican	6	1	1	4
阿尔及利亚 Algeria	5	2	1	2
厄瓜多尔 Ecuador	6	2	0	4
爱沙尼亚 Estonia	26	13	1	12
埃及 Egypt	13	5	2	6
西班牙 Spain	2327	1367	118	842
埃塞俄比亚 Ethiopia	2	0	1	1
芬兰 Finland	7746	6499	381	866
法国 France	30 804	24 784	1404	4616
英国 U.K.	13 829	9904	602	3323
格鲁吉亚 Georgia	3	1	1	1
直布罗陀 Gibraltar	27	23	1	3
希腊 Greece	131	83	1	47

（续表 cont'd）

国家和地区 Country and Region	2017年 Year 2017			
	合计 Total	发明 Invention	实用新型 Utility Model	外观设计 Design
克罗地亚 Croatia	10	8	1	1
匈牙利 Hungary	165	148	8	9
印度尼西亚 Indonesia	67	20	7	40
爱尔兰 Ireland	1470	1355	32	83
以色列 Israel	2766	2169	197	400
马恩岛 Isle of Man	1	1	0	0
印度 India	1105	932	41	132
伊拉克 Iraq	6	0	4	2
伊朗 Iran	41	2	9	30
冰岛 Iceland	85	83	1	1
意大利 Italy	12 249	8228	540	3481
泽西岛 Jersey Island	3	3	0	0
牙买加 Jamaica	2	2	0	0
约旦 Jordan	9	4	0	5
日本 Japan	302 116	255 429	14 433	32 254
吉尔吉斯斯坦 Kyrgyzstan	1	1	0	0
圣基茨和尼维斯 Saint Kitts and Nevis	1	1	0	0
朝鲜 D.P.R.K.	5	3	2	0

（续表 cont'd）

国家和地区 Country and Region	2017年 Year 2017			
	合计 Total	发明 Invention	实用新型 Utility Model	外观设计 Design
韩国 Korea	68 991	52 355	2421	14 215
科威特 Kuwait	5	2	0	3
开曼群岛 Cayman Islands	5392	3793	253	1346
哈萨克斯坦 Kazakhstan	11	9	2	0
黎巴嫩 Lebanon	11	3	2	6
圣卢西亚 Saint Lucia	1	1	0	0
列支敦士登 Liechtenstein	773	558	9	206
斯里兰卡 Sri Lanka	4	3	0	1
立陶宛 Lithuania	6	2	2	2
卢森堡 Luxembourg	1708	1258	88	362
拉脱维亚 Latvia	19	15	1	3
摩洛哥 Morocco	45	8	0	37
摩纳哥 Monaco	35	28	2	5
摩尔多瓦 Moldova	1	0	0	1
黑山 Montenegro	1	0	0	1
马绍尔群岛 Marshall Islands	5	4	1	0
马其顿 Macedonia	1	1	0	0
马里 Mali	17	2	5	10

（续表 cont'd）

国家和地区 Country and Region	2017年 Year 2017			
	合计 Total	发明 Invention	实用新型 Utility Model	外观设计 Design
缅甸 Myanmar	16	2	9	5
蒙古 Mongolia	1	1	0	0
马耳他 Malta	138	120	9	9
毛里求斯 Mauritius	114	104	2	8
墨西哥 Mexican	421	310	7	104
马来西亚 Malaysia	662	270	126	266
纳米比亚 Namibia	1	1	0	0
尼日利亚 Nigeria	6	0	0	6
荷兰 Netherlands	20 203	17 567	429	2207
挪威 Norway	1461	1267	24	170
新西兰 New Zealand	793	497	51	245
阿曼 Oman	1	1	0	0
巴拿马 Panama	135	103	4	28
秘鲁 Peru	4	2	2	0
巴布亚新几内亚 Papua New Guinea	2	0	0	2
菲律宾 Philippines	93	64	11	18
巴基斯坦 Pakistan	11	1	3	7
波兰 Poland	314	185	14	115

（续表 cont'd）

国家和地区 Country and Region	2017年 Year 2017			
	合计 Total	发明 Invention	实用新型 Utility Model	外观设计 Design
波多黎各 Puerto Rico	10	6	1	3
葡萄牙 Portugal	119	85	1	33
巴拉圭 Paragnay	2	0	0	2
卡塔尔 Qatar	16	12	0	4
罗马尼亚 Romania	5	4	1	0
塞尔维亚 Serbia	6	6	0	0
俄罗斯 Russia	723	481	116	126
沙特阿拉伯 Saudi Arabia	558	411	6	141
塞舌尔 Seychelles	137	53	43	41
瑞典 Sweden	13 341	10 952	342	2047
新加坡 Singapore	4587	2804	1093	690
斯洛文尼亚 Slovenia	151	119	0	32
斯洛伐克 Slovakia	47	26	1	20
萨尔瓦多 El Salvador	2	2	0	0
叙利亚 Syria	1	0	0	1
乍得 Chad	1	0	1	0
泰国 Thailand	263	78	25	160
突尼斯 Tunisia	4	4	0	0

（续表 cont'd）

国家和地区 Country and Region	2017年 Year 2017			
	合计 Total	发明 Invention	实用新型 Utility Model	外观设计 Design
土耳其 Turkey	588	330	34	224
特立尼达和多巴哥 Trinidad and Tobago	4	3	0	1
乌克兰 Ukraine	57	30	9	18
美国 U.S.A.	186 843	155 771	9820	21 252
乌拉圭 Uruguay	7	7	0	0
乌兹别克斯坦 Uzbekistan	3	3	0	0
圣文森特和格林纳丁斯 St.Vincent and the Grenadines	1	1	0	0
委内瑞拉 Venezuela	6	4	0	2
英属维尔京群岛 British Virgin Islands	1962	972	343	647
越南 Viet Nam	71	12	1	58
萨摩亚 Samoa	315	196	94	25
也门 Yemen	3	0	0	3
南斯拉夫 Yugoslavia	2	2	0	0
南非 South Africa	511	429	17	65
赞比亚 Zambia	1	0	1	0

表10　国际申请业务进展统计表（1985.4~2017.12）　（单位：件）
Statistics of PCT International Applications（1985.4–2017.12）（unit：piece）

项目 Item	总累计 Accumulated Number	2017年 Year 2017
收到国际申请 International Applications Received	258 741	50 636
进入中国国内阶段的国际申请（发明） International Applications Entering Chinese National Phase （Invention）	1 010 450	85 607
进入中国国内阶段的国际申请（实用新型） International Applications Entering Chinese National Phase （Utility Model）	6608	1146

二、专利行政执法

表11　2017年各地区管理专利工作的部门专利执法统计表　（单位：件）
Statistics of Patent Enforcement of the Administrative Authorities for Patent Affairs in 2017　（unit：piece）

地区 Region	类别 Type 时间 Year	侵权纠纷 Infringement Dispute		其他纠纷 Other Dispute		查处假冒专利案件 Punishment of Counterfeit Patent Case
		立案 Entertained	结案 Closed	立案 Entertained	结案 Closed	结案 Closed
合计 Total	总累计 Accumulated	74 258	71 737	2680	2566	115 641
	2017	27 305	26 987	852	836	38 492
北京 Beijing	总累计 Accumulated	770	662	1	0	2491
	2017	245	217	0	0	964
天津 Tianjin	总累计 Accumulated	414	413	8	8	1740
	2017	171	184	0	1	536
河北 Hebei	总累计 Accumulated	2039	1996	154	153	2161
	2017	776	785	65	64	1205
山西 Shanxi	总累计 Accumulated	55	33	9	3	237
	2017	7	7	0	0	116
内蒙古 Inner Mongolia	总累计 Accumulated	52	40	0	0	1652
	2017	17	9	0	0	352
辽宁 Liaoning	总累计 Accumulated	766	741	77	75	2399
	2017	446	437	19	18	581
吉林 Jilin	总累计 Accumulated	249	243	4	4	128
	2017	65	65	0	0	30
黑龙江 Heilongjiang	总累计 Accumulated	842	802	577	564	1468
	2017	343	316	258	258	549
上海 Shanghai	总累计 Accumulated	786	762	24	23	229
	2017	229	235	11	11	74

（续表 cont'd）

地区 Region	类别 Type / 时间 Year	侵权纠纷 Infringement Dispute		其他纠纷 Other Dispute		查处假冒专利案件 Punishment of Counterfeit Patent Case
		立案 Entertained	结案 Closed	立案 Entertained	结案 Closed	结案 Closed
江苏 Jiangsu	总累计 Accumulated	4552	4316	315	311	21085
	2017	1674	1725	22	22	6359
浙江 Zhejiang	总累计 Accumulated	33285	33239	402	402	4110
	2017	11830	11833	4	4	1563
安徽 Anhui	总累计 Accumulated	1837	1689	54	41	2656
	2017	933	887	25	12	1271
福建 Fujian	总累计 Accumulated	1053	986	26	26	5155
	2017	518	502	2	4	1537
江西 Jiangxi	总累计 Accumulated	574	517	4	1	1831
	2017	142	103	0	0	633
山东 Shandong	总累计 Accumulated	2389	2290	38	38	13268
	2017	928	933	2	3	4279
河南 Henan	总累计 Accumulated	2501	2084	69	65	5871
	2017	1208	991	0	4	1773
湖北 Hubei	总累计 Accumulated	1714	1554	46	41	6192
	2017	746	731	1	1	2019
湖南 Hunan	总累计 Accumulated	1572	1392	272	215	14886
	2017	510	463	53	12	4089
广东 Guangdong	总累计 Accumulated	12472	11933	188	185	5305
	2017	3586	3505	101	133	2179
广西 Guangxi	总累计 Accumulated	119	111	1	1	1868
	2017	41	41	0	0	628
海南 Hainan	总累计 Accumulated	19	12	3	3	292
	2017	3	6	0	0	72

（续表 cont'd）

地区 Region	类别 Type / 时间 Year	侵权纠纷 Infringement Dispute		其他纠纷 Other Dispute		查处假冒专利案件 Punishment of Counterfeit Patent Case
		立案 Entertained	结案 Closed	立案 Entertained	结案 Closed	结案 Closed
重庆 Chongqing	总累计 Accumulated	1085	1060	47	47	882
	2017	409	409	0	1	307
四川 Sichuan	总累计 Accumulated	2749	2732	348	347	3403
	2017	1639	1787	288	287	1054
贵州 Guizhou	总累计 Accumulated	211	176	0	0	9134
	2017	53	55	0	0	4014
云南 Yunnan	总累计 Accumulated	217	197	0	0	948
	2017	47	43	0	0	419
西藏 Tibet	总累计 Accumulated	0	0	0	0	0
	2017	0	0	0	0	0
陕西 Shaanxi	总累计 Accumulated	622	556	9	9	2487
	2017	189	197	0	0	716
甘肃 Gansu	总累计 Accumulated	295	275	0	0	1648
	2017	145	148	0	0	564
青海 Qinghai	总累计 Accumulated	25	18	0	0	13
	2017	2	8	0	0	10
宁夏 Ningxia	总累计 Accumulated	161	155	0	0	96
	2017	74	68	0	0	25
新疆 Xinjiang	总累计 Accumulated	833	753	4	4	2006
	2017	329	300	1	1	574
新疆兵团 Xinjiangbingtuan	总累计 Accumulated	0	0	0	0	0
	2017	0	0	0	0	0

（续表 cont'd）

三、中国专利金奖

表12 中国专利金奖分布统计表 （单位：件）
Statistics of Distribution of China Patent Gold Awards（unit：piece）

地区 Region	合计 Total	第十九届 the 19th
合计 Total	292	20
北京 Beijing	73	4
天津 Tianjin	6	0
河北 Hebei	5	0
辽宁 Liaoning	12	0
吉林 Jilin	2	0
黑龙江 Heilongjiang	4	0
上海 Shanghai	17	0
江苏 Jiangsu	18	0
浙江 Zhejiang	10	2
安徽 Anhui	6	0
福建 Fujian	2	0
江西 Jiangxi	1	0
山东 Shandong	17	2

（续表 cont'd）

地区 Region	合计 Total	第十九届 the 19th
河南 Henan	9	2
湖北 Hubei	10	1
湖南 Hunan	16	3
广东 Guangdong	44	4
广西 Guangxi	1	0
海南 Hainan	4	0
重庆 Chongqing	5	0
四川 Sichuan	7	1
贵州 Guizhou	2	0
云南 Yunnan	3	0
陕西 Shaanxi	14	0
甘肃 Gansu	1	0
青海 Qinghai	1	0
宁夏 Ningxia	1	0
新疆 Xinjiang	1	1

（本统计数据由国家知识产权局规划发展司提供）

Ⅱ

商　标

一、商标申请与注册

表1 2017年度商标申请与注册概况表 （单位：件）

Statistics of Trademark Applications and Registrations in 2017 （unit：piece）

<table>
<tr><th>项目
Item</th><th>国内
Domestic</th><th>国际
International</th><th>马德里
Madrid</th><th>合计
Total</th></tr>
<tr><td>注册申请
Applications Filed for Registration</td><td>5 538 980</td><td>141 951</td><td>67 244</td><td>5 748 175</td></tr>
<tr><td>异议申请
Applications Filed for Opposition</td><td>50 920</td><td>21 222</td><td>417</td><td>72 559</td></tr>
<tr><td>续展申请
Applications Filed for Renewal</td><td>158 802</td><td>20 384</td><td>10 929</td><td>190 115</td></tr>
<tr><td>变更申请
Modification Applications</td><td>325 375</td><td>28 831</td><td>8787</td><td>362 993</td></tr>
<tr><td>转让申请
Assignment Applications</td><td>283 642</td><td>13 424</td><td>5970</td><td>303 036</td></tr>
<tr><td>注销申请
Annulment Applications</td><td colspan="2">13 180</td><td rowspan="2">9145</td><td rowspan="2">79 030</td></tr>
<tr><td>撤销申请
Cancellation Applications</td><td colspan="2">56 705</td></tr>
<tr><td>许可备案申请
Applications for Record of License</td><td colspan="3">26 045</td><td>26 045</td></tr>
<tr><td>注册商标
Registrations Approved</td><td>2 656 039</td><td>94 147</td><td>41 886</td><td>2 792 072</td></tr>
<tr><td>审定商标
Trademarks Preliminarily Approved</td><td colspan="2">2 636 431</td><td>21 104</td><td>2 657 535</td></tr>
<tr><td>核驳商标
Trademarks Refused</td><td colspan="2">876 911</td><td rowspan="2">43 586</td><td rowspan="2">1 594 500</td></tr>
<tr><td>部分核驳商标
Trademarks Partly Refused</td><td colspan="2">674 003</td></tr>
<tr><td>异议裁定量
Dissent Ruling</td><td colspan="3">61 124</td><td>61 124</td></tr>
<tr><td>变更注册商标
Registered Trademarks Modified</td><td colspan="2">303 392</td><td>12 714</td><td>316 106</td></tr>
</table>

（续表 cont’d）

项目 Item	国内 Domestic	国际 International	马德里 Madrid	合计 Total
转让注册商标 Registered Trademarks Assigned	246 655		7187	253 842
续展注册商标 Registered Trademarks Renewed	178 276		9316	187 592
注销注册商标 Registered Trademarks Annulled	13 741		9510	51 756
撤销注册商标 Registered Trademarks Cancelled	28 505			
许可合同备案办理 Recordal of License Contract Handled	30 428			30 428
补发商标注册证 Replacement of Registration Certificates	21 804			21 804
国内企业马德里商标国际注册申请 Madrid Trademark International Registration of Domestic Enterprise	4810			
国内企业马德里商标国际变更续展等 International Modification or Renewal of Madrid Trademark of Domestic Enterprise	1041			

表2　2017年度各省、自治区、直辖市商标申请与注册统计表　（单位：件）

Statistics of Domestic Trademark Applications and Registrations in 2017
(by Province / Autonomous Region/Municipality)　(unit：piece)

省、自治区、直辖市 Region	申请件数 Applications	注册件数 Registrations	有效注册量 Registrations Effected
北京 Beijing	490 086	264 231	1 141 776
天津 Tianjin	49 849	26 938	159 048
河北 Hebei	164 274	74 171	360 067
山西 Shanxi	40 016	19 948	108 969
内蒙古 Inner Mongolia	46 580	21 782	115 917
辽宁 Liaoning	85 977	44 794	250 184
吉林 Jilin	52 815	22 807	125 297
黑龙江 Heilongjiang	60 122	31 856	164 575
上海 Shanghai	343 879	192 661	878 460
江苏 Jiangsu	352 736	159 474	888 601
浙江 Zhejiang	546 987	254 918	1 544 827
安徽 Anhui	163 261	65 423	301 957
福建 Fujian	296 171	128 709	734 624
江西 Jiangxi	105 660	43 806	204 053
山东 Shandong	284 475	141 238	722 833
河南 Henan	208 393	97 536	448 013
湖北 Hubei	145 367	59 600	294 792

（续表 cont'd）

省、自治区、直辖市 Region	申请件数 Applications	注册件数 Registrations	有效注册量 Registrations Effected
湖南 Hunan	138 400	66 897	319 766
广东 Guangdong	1 095 053	514 024	2 525 055
广西 Guangxi	55 794	26 095	127 544
海南 Hainan	21 175	9 953	59 156
重庆 Chongqing	102 532	52 639	290 072
四川 Sichuan	194 765	93 701	478 192
贵州 Guizhou	53 766	23 488	112 343
云南 Yunnan	80 246	42 064	212 407
西藏 Tibet	10 511	3264	12 890
陕西 Shaanxi	88 754	44 481	242 900
甘肃 Gansu	24 920	12 835	53 499
青海 Qinghai	10 444	4799	22 981
宁夏 Ningxia	13 368	7150	32 319
新疆 Xinjiang	40 560	25 426	124 871
香港 Hong Kong	150 392	63 374	377 661
澳门 Macao	1344	832	4972
台湾 Taiwan	20 308	15 125	153 489
合计 Total	5 538 980	2 656 039	13 594 110

注：1.由于不予受理件未电子化，以上各省数据的申请量不含不予受理量。

2.申请件数、注册件数指2016.12.16至2017.12.15的商标统计情况，其他指截至2017.12.15的统计情况。

Ⅱ

表3　2017年度外国（地区）在华商标申请统计表　　（单位：件）

Statistics of Foreign （Region） Trademark Applications in China in 2017 （unit：piece）

外国（地区） Foreign（Region）	外国（地区）申请件数 Foreign（Region）Applications	马德里申请件数 Madrid Applications	合计 Total
阿尔及利亚 Algeria	51	1	52
阿富汗 Afghanistan	55	0	55
阿根廷 Argentina	147	0	147
阿联酋 United Arab Emirates	387	35	422
阿曼 Oman	19	0	19
阿塞拜疆 Azerbaijan	35	0	35
埃及 Egypt	59	18	77
爱尔兰 Ireland	287	219	506
爱沙尼亚 Estonia	19	46	65
安道尔 Andorra	181	7	188
安哥拉 Angola	2	0	2
安圭拉 Anguilla	34	0	34
安提瓜和巴布达 Antigua and Barbuda	4	0	4
奥地利 Austria	455	904	1359
澳大利亚 Australia	5468	2453	7921
巴巴多斯 Barbados	39	7	46
巴布亚新几内亚 Papua New Guinea	2	0	2

（续表 cont'd）

外国（地区） Foreign（Region）	外国（地区）申请件数 Foreign（Region）Applications	马德里申请件数 Madrid Applications	合计 Total
巴哈马 Bahamas	90	14	104
巴基斯坦 Pakistan	131	0	131
巴拉圭 Paraguay	14	0	14
巴勒斯坦 Palestine	9	0	9
巴林 Bahrain	6	0	6
巴拿马 Panama	48	8	56
巴西 Brazil	368	1	369
白俄罗斯 Belarus	26	98	124
百慕大群岛 Bermuda	168	4	172
保加利亚 Bulgaria	35	177	212
贝宁 Benin	0	9	9
比利时 Belgium	5766	997	6763
冰岛 Iceland	24	66	90
波多黎各 Puerto Rico	6	0	6
波黑 Bosnia and Herzegovina	0	3	3
波兰 Poland	415	513	928
玻利维亚 Bolivia	2	0	2
伯利兹 Belize	47	9	56

（续表 cont'd）

外国（地区） Foreign（Region）	外国（地区）申请件数 Foreign（Region）Applications	马德里申请件数 Madrid Applications	合计 Total
博茨瓦纳 Botswana	135	0	135
布基纳法索 Burkina Faso	4	0	4
朝鲜 D.P.R.K.	1	38	39
丹麦 Denmark	1290	941	2231
德国 Germany	6548	12 342	18 890
多哥 Togo	8	0	8
多米尼加 Dominican	24	0	24
俄罗斯 Russia	864	1981	2845
厄瓜多尔 Ecuador	39	0	39
厄立特里亚 Eritrea	1	0	1
法国 France	4033	6656	10 689
菲律宾 Philippines	147	46	193
斐济 Fiji	7	1	8
芬兰 Finland	793	1126	1919
哥伦比亚 Colombia	106	10	116
哥斯达黎加 Costa Rica	4	0	4
格陵兰岛 Greenland	0	1	1
格鲁吉亚 Georgia	16	32	48

（续表 cont'd）

外国（地区） Foreign（Region）	外国（地区）申请件数 Foreign（Region）Applications	马德里申请件数 Madrid Applications	合计 Total
英属根西岛 Guernsey	1	0	1
古巴 Cuba	48	10	58
圭亚那 Guyana	1	0	1
哈萨克斯坦 Kazakhstan	17	45	62
海地 Haiti	8	0	8
韩国 Korea	14 944	1212	16 156
荷兰 Netherlands	2032	2193	4225
荷属安的列斯群岛 Netherlands Antilles	5	0	5
黑山 Montenegro	1	45	46
吉布提 Djibouti	1	0	1
吉尔吉斯斯坦 Kyrgyzstan	10	5	15
几内亚 Guinea	5	0	5
加拿大 Canada	3341	60	3401
加纳 Ghana	2	0	2
加蓬 Gabon	2	0	2
柬埔寨 Cambodia	28	1	29
捷克 Czech	112	363	475
喀麦隆 Cameroon	4	0	4
卡塔尔 Qatar	41	0	41

（续表 cont'd）

外国（地区） Foreign（Region）	外国（地区）申请件数 Foreign（Region）Applications	马德里申请件数 Madrid Applications	合计 Total
开曼群岛 Cayman Islands	1318	15	1333
科特迪瓦 Ivory Coast	3	0	3
科威特 Kuwait	37	0	37
克罗地亚 Croatia	15	36	51
肯尼亚 Kenya	29	5	34
库克群岛 Cook Islands	5	0	5
库拉索 Curacao	0	13	13
拉脱维亚 Latvia	16	43	59
黎巴嫩 Lebanon	74	8	82
立陶宛 Lithuania	84	81	165
利比里亚 Liberia	1	0	1
利比亚 Libya	4	0	4
列支敦士登 Liechtenstein	104	123	227
卢森堡 Luxembourg	435	742	1177
罗马尼亚 Romania	47	68	115
马达加斯加 Madagascar	1	0	1
马恩岛 Isle of Man	217	7	224
马尔代夫 Maldives	3	0	3
马耳他 Malta	24	39	63

（续表 cont'd）

外国（地区） Foreign（Region）	外国（地区）申请件数 Foreign（Region）Applications	马德里申请件数 Madrid Applications	合计 Total
马来西亚 Malaysia	1669	22	1691
马里 Mali	12	0	12
马其顿 Macedonia	1	29	30
马绍尔群岛 Marshall Islands	119	0	119
毛里求斯 Mauritius	72	10	82
毛里塔尼亚 Mauritania	13	0	13
美国 U.S.A.	36 046	7519	43 565
蒙古 Mongolia	7	3	10
孟加拉国 Bangladesh	21	0	21
秘鲁 Peru	84	0	84
缅甸 Myanmar	59	0	59
摩尔多瓦 Moldova	0	26	26
摩洛哥 Morocco	22	33	55
摩纳哥 Monaco	33	79	112
莫桑比克 Mozambique	0	1	1
墨西哥 Mexican	586	58	644
纳米比亚 Nambia	53	0	53
南非 South Africa	412	4	416
瑙鲁 Nauru	10	0	10

（续表 cont'd）

外国（地区） Foreign（Region）	外国（地区）申请件数 Foreign（Region）Applications	马德里申请件数 Madrid Applications	合计 Total
尼泊尔 Nepal	27	0	27
尼加拉瓜 Nicaragua	1	0	1
尼日尔 Niger	94	0	94
尼日利亚 Nigeria	27	0	27
挪威 Norway	260	438	698
葡萄牙 Portugal	137	224	361
日本 Japan	16 846	3 541	20 387
瑞典 Sweden	1187	1351	2538
瑞士 Switzerland	3162	5124	8286
萨尔瓦多 El Salvador	2	0	2
萨摩亚 Samoa	127	0	127
塞尔维亚 Serbia	11	62	73
塞拉利昂 Sierra Leone	9	0	9
塞内加尔 Senegal	25	0	25
塞浦路斯 Cyprus	74	253	327
塞舌尔 Seychelles	851	10	861
沙特阿拉伯 Saudi Arabia	105	7	112
圣基茨和尼维斯 Saint kitts and Nevis	11	2	13
圣卢西亚 Saint Lucia	4	0	4

（续表 cont'd）

外国（地区） Foreign（Region）	外国（地区）申请件数 Foreign（Region）Applications	马德里申请件数 Madrid Applications	合计 Total
圣马力诺 San Marino	13	12	25
圣文森特和格林纳丁斯 St.Vincent and the Grenadines	4	0	4
斯里兰卡 Sri Lanka	43	0	43
斯洛伐克 Slovakia	29	77	106
斯洛文尼亚 Slovenia	27	108	135
苏丹 Sudan	29	0	29
塔吉克斯坦 Tajikistan	3	0	3
泰国 Thailand	1769	31	1800
坦桑尼亚 Tanzania	17	3	20
特克斯和凯科斯群岛 Turks and Caicos Islands	9	0	9
特立尼达和多巴哥 Trinidad and Tobago	13	0	13
突尼斯 Tunisia	12	22	34
土耳其 Turkey	309	636	945
土库曼斯坦 Turkmenistan	7	27	34
瓦努阿图 Vanuatu	9	0	9
危地马拉 Guatemala	10	0	10
委内瑞拉 Venezuela	30	0	30
文莱 Brunei	10	8	18

II

（续表 cont'd）

外国（地区） Foreign（Region）	外国（地区）申请件数 Foreign（Region）Applications	马德里申请件数 Madrid Applications	合计 Total
乌干达 Uganda	7	0	7
乌克兰 Ukraine	52	207	259
乌拉圭 Uruguay	22	0	22
乌兹别克斯坦 Uzbekistan	10	13	23
西班牙 Spain	1173	1324	2497
希腊 Greece	164	98	262
新加坡 Singapore	3331	756	4087
新喀里多尼亚 New Caledonia	1	0	1
新西兰 New Zealand	1535	399	1934
匈牙利 Hungary	52	119	171
叙利亚 Syria	85	0	85
牙买加 Jamaica	1	0	1
亚美尼亚 Armenia	23	14	37
也门 Yemen	91	0	91
伊拉克 Iraq	353	0	353
伊朗 Iran	255	82	337
以色列 Israel	556	292	848
意大利 Italy	2984	4961	7945
印度 India	410	125	535

（续表 cont'd）

外国（地区） Foreign（Region）	外国（地区）申请件数 Foreign（Region）Applications	马德里申请件数 Madrid Applications	合计 Total
印度尼西亚 Indonesia	676	0	676
英国 U.K.	10 874	4904	15 778
英吉利海峡群岛 English Channel Islands	20	0	20
英属维尔京群岛 British Virgin Islands	2630	181	2811
约旦 Jordan	62	0	62
越南 Viet Nam	176	134	310
泽西岛 Jersey Island	39	31	70
乍得 Chad	1	0	1
直布罗陀 Gibraltar	1	6	7
智利 Chile	406	1	407
合计 Total	141 951	67 244	209 195

表4　2017年度外国（地区）在华商标注册统计表　　　　（单位：件）

Statistics of Foreign（Region） Trademark Registrations in China in 2017（unit：piece）

外国（地区） Foreign（Region）	外国（地区）注册件数 Foreign（Region） Registrations	马德里注册件数 Madrid Registrations	合计 Total
阿尔巴尼亚 Albania	2	1	3
阿尔及利亚 Algeria	9	0	9
阿富汗 Afghanistan	20	0	20
阿根廷 Argentina	91	1	92
阿联酋 United Arab Emirates	402	8	410
阿曼 Oman	13	0	13
阿塞拜疆 Azerbaijan	16	0	16
埃及 Egypt	93	10	103
埃塞俄比亚 Ethiopia	2	0	2
爱尔兰 Ireland	201	147	348
爱沙尼亚 Estonia	29	75	104
安道尔 Andorra	6	7	13
安哥拉 Angola	3	0	3
安圭拉 Anguilla	37	0	37
奥地利 Austria	219	824	1043
澳大利亚 Australia	3317	1538	4855
巴巴多斯 Barbados	53	0	53

（续表 cont'd）

外国（地区） Foreign（Region）	外国（地区）注册件数 Foreign（Region）Registrations	马德里注册件数 Madrid Registrations	合计 Total
巴布亚新几内亚 Papua New Guinea	1	0	1
巴哈马 Bahamas	87	10	97
巴基斯坦 Pakistan	70	0	70
巴拉圭 Paraguay	3	0	3
巴林 Bahrain	5	3	8
巴拿马 Panama	63	0	63
巴西 Brazil	327	0	327
白俄罗斯 Belarus	6	29	35
百慕大群岛 Bermuda	149	5	154
保加利亚 Bulgaria	35	92	127
北马里亚纳群岛 Northern Mariana Islands	2	0	2
贝宁 Benin	5	0	5
比利时 Belgium	380	453	833
冰岛 Iceland	15	30	45
波多黎各 Puerto Rico	0	1	1
波兰 Poland	252	350	602
玻利维亚 Bolivia	16	0	16
伯利兹 Belize	32	3	35
朝鲜 D.P.R.K.	2	13	15

（续表 cont'd）

外国（地区） Foreign（Region）	外国（地区）注册件数 Foreign（Region）Registrations	马德里注册件数 Madrid Registrations	合计 Total
丹麦 Denmark	784	608	1392
德国 Germany	4444	8577	13 021
多米尼加 Dominican	16	2	18
俄罗斯 Russia	363	1007	1370
厄瓜多尔 Ecuador	24	0	24
法国 France	2636	3240	5876
菲律宾 Philippines	155	17	172
斐济 Fiji	7	1	8
芬兰 Finland	324	1302	1626
刚果民主共和国 Democratic Republic of the Congo	1	0	1
哥伦比亚 Colombia	90	9	99
哥斯达黎加 Costa Rica	13	0	13
格鲁吉亚 Georgia	5	16	21
英属根西岛 Guernsey	5	1	6
古巴 Cuba	7	1	8
圭亚那 Guyana	2	0	2
哈萨克斯坦 Kazakhstan	15	56	71
海地 Haiti	4	0	4
韩国 Korea	15 298	902	16 200

（续表 cont'd）

外国（地区） Foreign（Region）	外国（地区）注册件数 Foreign（Region）Registrations	马德里注册件数 Madrid Registrations	合计 Total
荷兰 Netherlands	1251	1187	2438
荷属安的列斯群岛 Netherlands Antilles	4	0	4
洪都拉斯 Honduras	5	0	5
吉尔吉斯斯坦 Kyrgyzstan	6	0	6
几内亚 Guinea	6	0	6
加拿大 Canada	2089	22	2111
加纳 Ghana	2	0	2
柬埔寨 Cambodia	7	0	7
捷克 Czech	89	245	334
喀麦隆 Cameroon	4	0	4
卡塔尔 Qatar	22	0	22
开曼群岛 Cayman Islands	1441	6	1447
科特迪瓦 Ivory Coast	1	0	1
科威特 Kuwait	29	0	29
克罗地亚 Croatia	8	29	37
肯尼亚 Kenya	16	0	16
库克群岛 Cook Islands	5	0	5
库拉索 Curacao	2	2	4
拉脱维亚 Latvia	17	32	49

（续表 cont'd）

外国（地区） Foreign（Region）	外国（地区）注册件数 Foreign（Region）Registrations	马德里注册件数 Madrid Registrations	合计 Total
黎巴嫩 Lebanon	33	0	33
立陶宛 Lithuania	22	16	38
利比亚 Libya	16	0	16
列支敦士登 Liechtenstein	138	49	187
卢森堡 Luxembourg	387	405	792
卢旺达 Rwanda	2	1	3
罗马尼亚 Romania	11	25	36
马恩岛 Isle of Man	85	32	117
马尔代夫 Maldives	2	0	2
马耳他 Malta	73	34	107
马拉维 Malawi	1	0	1
马来西亚 Malaysia	1046	8	1054
马里 Mali	6	0	6
马其顿 Macedonia	0	15	15
马绍尔群岛 Marshall Islands	128	0	128
毛里求斯 Mauritius	21	0	21
毛里塔尼亚 Mauritania	2	0	2
美国 U.S.A.	25 197	4658	29 855
蒙古 Mongolia	13	3	16

（续表 cont'd）

外国（地区） Foreign（Region）	外国（地区）注册件数 Foreign（Region）Registrations	马德里注册件数 Madrid Registrations	合计 Total
孟加拉国 Bangladesh	22	0	22
秘鲁 Peru	42	0	42
缅甸 Myanmar	26	0	26
摩尔多瓦 Moldova	10	7	17
摩洛哥 Morocco	4	19	23
摩纳哥 Monaco	14	70	84
墨西哥 Mexican	321	7	328
南非 South Africa	188	0	188
尼泊尔 Nepal	15	0	15
尼日利亚 Nigeria	10	0	10
挪威 Norway	136	186	322
帕劳 Palau	1	0	1
葡萄牙 Portugal	115	118	233
日本 Japan	10 319	2616	12 935
瑞典 Sweden	692	801	1493
瑞士 Switzerland	1745	2186	3931
萨尔瓦多 El Salvador	6	0	6
萨摩亚 Samoa	153	0	153
塞尔维亚 Serbia	10	17	27

Ⅱ

（续表 cont'd）

外国（地区） Foreign（Region）	外国（地区）注册件数 Foreign（Region） Registrations	马德里注册件数 Madrid Registrations	合计 Total
塞拉利昂 Sierra Leone	2	0	2
塞内加尔 Senegal	3	0	3
塞浦路斯 Cyprus	110	70	180
塞舌尔 Seychelles	407	0	407
沙特阿拉伯 Saudi Arabia	93	0	93
圣基茨和尼维斯 Saint Kitts and Nevis	1	0	1
圣卢西亚 Saint Lucia	4	0	4
圣马力诺 San Marino	2	6	8
圣文森特和格林纳丁斯 St.Vincent and the Grenadines	1	0	1
斯里兰卡 Sri Lanka	22	0	22
斯洛伐克 Slovakia	11	78	89
斯洛文尼亚 Slovenia	12	71	83
苏丹 Sudan	2	0	2
所罗门群岛 Solomon Is lamds	1	0	1
塔吉克斯坦 Tajikistan	1	0	1
泰国 Thailand	755	5	760
坦桑尼亚 Tanzania	15	0	15
特克斯和凯科斯群岛 Turks and Caicos Islands	1	0	1
特立尼达和多巴哥 Trinidad and Tobago	19	0	19

（续表 cont'd）

外国（地区） Foreign（Region）	外国（地区）注册件数 Foreign（Region） Registrations	马德里注册件数 Madrid Registrations	合计 Total
突尼斯 Tunisia	10	2	12
土耳其 Turkey	147	534	681
土库曼斯坦 Turkmenistan	8	0	8
瓦努阿图 Vanuatu	30	0	30
危地马拉 Guatemala	8	0	8
委内瑞拉 Venezuela	31	0	31
文莱 Brunei	32	0	32
乌干达 Uganda	2	0	2
乌克兰 Ukraine	29	137	166
乌拉圭 Uruguay	16	0	16
乌兹别克斯坦 Uzbekistan	3	0	3
西班牙 Spain	899	527	1426
希腊 Greece	54	56	110
新加坡 Singapore	1886	403	2289
新西兰 New Zealand	896	346	1242
匈牙利 Hungary	26	76	102
叙利亚 Syria	31	0	31
牙买加 Jamaica	3	0	3
亚美尼亚 Armenia	1	3	4

（续表 cont'd）

外国（地区） Foreign（Region）	外国（地区）注册件数 Foreign（Region）Registrations	马德里注册件数 Madrid Registrations	合计 Total
也门 Yemen	72	0	72
伊拉克 Iraq	75	0	75
伊朗 Iran	200	58	258
以色列 Israel	256	146	402
意大利 Italy	2074	3225	5299
印度 India	247	78	325
印度尼西亚 Indonesia	148	0	148
英国 U.K.	6194	3704	9898
英吉利海峡群岛 English Channel Islands	30	0	30
英属维尔京群岛 British Virgin Islands	2554	155	2709
约旦 Jordan	31	0	31
越南 Viet Nam	161	54	215
赞比亚 Zambia	10	0	10
泽西岛 Jersey Island	6	14	20
乍得 Chad	3	0	3
直布罗陀 Gibraltar	2	3	5
智利 Chile	338	0	338
合计 Total	94 147	41 886	136 033

表5 2017年度按类申请和注册商标统计表 （单位：件）
Statistics of Trademark Applications and Registrations by Class in 2017 （unit：piece）

类别 Type	申请 Applications				注册 Registrations			
	国内 Domestic	国际 International	马德里 Madrid	合计 Total	国内 Domestic	国际 International	马德里 Madrid	合计 Total
1	65 206	2377	1489	69 072	36 167	1568	1113	38 848
2	32 032	838	373	33 243	17 181	533	327	18 041
3	183 207	10 403	2810	196 420	89 550	7227	1717	98 494
4	28 408	976	607	29 991	14 779	607	412	15 798
5	187 529	7152	2644	197 325	87 039	4661	1971	93 671
6	71 058	1986	1130	74 174	37 889	1303	771	39 963
7	101 322	3704	2361	107 387	57 618	2578	1579	61 775
8	36 860	1711	724	39 295	17 566	993	428	18 987
9	314 755	11 317	7310	333 382	169 472	7685	4425	181 582
10	83 104	3297	1781	88 182	35 866	2060	1140	39 066
11	142 972	3964	1863	148 799	74 413	2457	1178	78 048
12	74 558	2562	1441	78 561	39 663	1553	766	41 982
13	8711	338	80	9129	4133	151	48	4332
14	89 597	2423	1272	93 292	40 972	1748	838	43 558
15	19 645	605	165	20 415	8939	285	110	9334
16	108 925	3933	2025	114 883	55 246	2984	1400	59 630
17	29 176	1236	763	31 175	16 306	862	550	17 718
18	90 412	4053	1993	96 458	42 608	2847	1179	46 634
19	68 501	1003	677	70 181	36 701	640	422	37 763
20	151 425	2583	1317	155 325	62 801	1759	843	65 403
21	117 445	3536	1312	122 293	52 898	2495	886	56 279
22	18 911	790	266	19 967	9314	383	169	9866

（续表 cont'd）

类别 Type	申请 Applications				注册 Registrations			
	国内 Domestic	国际 International	马德里 Madrid	合计 Total	国内 Domestic	国际 International	马德里 Madrid	合计 Total
23	12 213	386	116	12 715	5678	181	61	5920
24	62 734	2138	959	65 831	33 335	1472	643	35 450
25	526 604	7709	3410	537 723	182 133	5438	1977	189 548
26	25 139	889	324	26 352	12 943	550	243	13 736
27	29 784	902	326	31 012	13 095	435	228	13 758
28	89 490	3932	1598	95 020	46 394	2587	1005	49 986
29	234 953	4637	1315	240 905	127 951	3081	852	131 884
30	324 414	6184	1894	332 492	166 565	4375	1201	172 141
31	148 709	1870	684	151 263	79 088	1067	387	80 542
32	114 547	3725	1136	119 408	52 151	2346	656	55 153
33	136 870	3788	1359	142 017	49 893	2216	779	52 888
34	17 811	811	241	18 863	8 598	455	170	9223
35	611 419	9875	4544	625 838	270 282	6369	2263	278 914
36	98 298	1888	982	101 168	51 147	1297	596	53 040
37	70 342	1656	1480	73 478	36 141	1058	967	38 166
38	73 877	1686	1240	76 803	40 709	1083	768	42 560
39	74 227	1419	855	76 501	40 324	963	559	41 846
40	43 276	1076	834	45 186	23 004	677	539	24 220
41	226 438	5691	2850	234 979	108 578	3887	1704	114 169
42	189 645	4540	4138	198 323	106 654	2946	2418	112 018
43	254 739	3284	866	258 889	120 259	2298	574	123 131
44	96 890	2028	1008	99 926	45 664	1310	580	47 554
45	52 802	1050	682	54 534	28 332	677	444	29 453
合计	5 538 980	141 951	67 244	5 748 175	2 656 039	94 147	41 886	2 792 072

注：由于不予受理件未电子化，以上数据不含不予受理量。

表6　1979~2017年商标注册申请及核准注册商标统计表　（单位：件）
Statistics of Trademark Applications and Registrations Approved，1979–2017
（unit：piece）

	申请 Applications				核准注册 Registrations Approved			
年度 Year	国内 Domestic	国际 International	马德里 Madrid	合计 Total	国内 Domestic	国际 International	马德里 Madrid	合计 Total
1979	0	0	0	0	27 459	5130	0	32 589
1980	26 177	0	0	26 177	15 348	1297	0	16 645
1981	23 004	0	0	23 004	15 707	2049	0	17 756
1982	17 000	1565	0	18 565	12 385	4672	0	17 057
1983	19 120	1687	0	20 807	4293	2278	0	6571
1984	26 487	3077	0	29 564	13 252	1518	0	14 770
1985	43 445	5798	0	49 243	19 584	2084	0	21 668
1986	45 031	5939	0	50 970	26 993	5126	0	32 119
1987	40 014	4055	0	44 069	27 687	4454	0	32 141
1988	41 683	5866	0	47 549	25 448	3604	0	29 052
1989	43 202	5209	0	48 411	31 810	4625	0	36 435
1990	50 853	4371	2048	57 272	25 966	4036	1269	31 271
1991	59 124	5885	2595	67 604	34 501	3523	2306	40 330
1992	79 837	8367	2591	90 795	42 710	4198	1180	48 088
1993	107 758	21 014	3551	132 323	42 668	3999	2059	48 726
1994	117 186	20 238	5193	142 617	47 482	7803	3016	58 301
1995	144 610	21 442	6094	172 146	59 895	12 591	19 380	91 866
1996	122 057	22 615	7 132	151 804	101 178	15 843	11 407	128 428

（续表 cont'd）

	申请 Applications				核准注册 Registrations Approved			
年度 Year	国内 Domestic	国际 International	马德里 Madrid	合计 Total	国内 Domestic	国际 International	马德里 Madrid	合计 Total
1997	118 577	21 676	8 502	148 755	188 047	24 958	10 033	223 038
1998	129 394	18 252	10 037	157 683	80 095	14 137	13 478	107 710
1999	140 620	18 883	11 212	170 715	96 139	13 896	12 366	122 401
2000	181 717	24 623	16 837	223 177	129 441	16 327	12 807	158 575
2001	229 775	23 234	17 408	270 417	167 563	19 017	16 259	202 839
2002	321 034	37 221	13 681	371 936	169 904	23 364	19 265	212 533
2003	405 620	33 912	12 563	452 095	206 070	21 188	15 253	242 511
2004	527 591	44 938	15 396	587 925	225 394	25 069	16 156	266 619
2005	593 382	52 166	18 469	664 017	218 731	23 792	16 009	258 532
2006	669 276	56 840	40 203	766 319	228 814	25 254	21 573	275 641
2007	604 952	59 714	43 282	707 948	215 161	19 159	29 158	263 478
2008	590 525	60 704	46 890	698 119	342 498	31 870	29 101	403 469
2009	741 763	51 966	36 748	830 477	737 228	68 471	31 944	837 643
2010	973 460	67 838	30 889	1 072 187	1 211 428	108 510	29 299	1 349 237
2011	1 273 827	95 831	47 127	1 416 785	926 330	66 074	30 294	1 022 698
2012	1 502 540	97 190	48 586	1 648 316	919 951	58 656	26 290	1 004 897
2013	1 733 361	95 177	53 008	1 881 546	909 541	59 496	27 687	996 724
2014	2 139 973	93 284	52 101	2 285 358	1 242 840	86 394	45 870	1 375 104
2015	2 699 156	116 687	60 205	2 876 048	2 077 037	99 852	49 552	2 226 441
2016	3 526 827	112 347	52 191	3 691 365	2 119 032	97 497	38 416	2 254 945
2017	5 538 980	141 951	67 244	5 748 175	2 656 039	94 147	41 886	2 792 072
合计	25 648 938	1 461 562	731 783	27 842 283	15 641 649	1 085 958	573 313	17 300 920

二、商标评审案件

表7　2017年度商标评审案件统计表
Statistics of Trademark Cases Reviewed and Adjudicated in 2017

项目 Item	案件类型 Cases by Category	数量（件） Number of Cases（piece）
商标申请量 Applications	驳回商标注册申请复审 Review of Rejection of Trademark Applications	170 863
	异议复审 Review of Adjudication on Opposition	1652
	注册商标争议 Dispute Concerning Registered Trademarks	22 968
	撤销注册商标复审 Review of Cancellation of Registered Trademarks	6139
	合计 Total	201 622
商标评审程序认定驰名商标数量 Well-known Trademarks Determined by Trademark Review Process		1963
商标评审行政诉讼案件量 Administrative Proceedings	一审 First Instance	9290
	二审 Second Instance	2194
	再审 Retrial	254
	合计 Total	11738
商标注册程序性争议行政复议案件申请量 Administrative Review Applications Concerning Procedural Disputes of Trademark Registration		894

三、商标行政执法案件

表8　2017年全国查处商标一般违法案件统计表

项目		案件总数（件）合计	案件总数（件）其中：投诉案件	其中：涉外案件 小计	其中：涉外案件 其中：投诉案件	案值（万元）	罚没金额（万元）	其中：立案查处（件）小计	其中：立案查处（件）其中：投诉案件	处罚程度 罚款10万~100万元	处罚程度 罚款100万元以上	收缴和销毁商标标识（件）	销毁物品（件）
合计		3145	507	33	9	3196.30	2735.10	1065	271	40	0	47 109	3037
注册商标使用的管理	自行改变注册商标的	44	6	0	0	33.09	*	2	1	*	*	*	*
	自行改变注册商标注册人名义、地址或其他注册事项的	28	0	0	0	17.91	*	6	0	*	*	*	*
	自行转让注册商标的	0	0	0	0	0.00	*	0	0	*	*	*	*
	商品粗制滥造、以次充好、欺骗消费者的	317	30	1	0	274.21	323.48	98	7	2	0	*	*
未注册商标使用的管理	冒充注册商标的	1828	360	23	7	1899.35	1528.24	664	201	18	0	*	*
	商品粗制滥造、以次充好、欺骗消费者的	475	27	0	0	492.72	456.85	88	7	3	0	*	*
	违反《商标法》第6条规定的	66	2	2	0	53.06	47.98	1	0	0	0	*	*
	违反《商标法》第10条规定的	77	2	0	0	35.05	52.84	24	0	0	0	*	*
违反《商标法》第40条第2款规定的		27	3	0	0	73.26	*	13	0	*	*	0	0
违反《商标法》第13条规定的		24	3	1	1	67.57	*	8	2	*	*	1052	0
违反《商标印制管理办法》规定的		144	33	1	0	155.67	84.77	60	13	7	0	46 057	3037
违法使用地理标志的		4	0	0	0	40.75	40.60	2	0	2	0	0	0
违法使用地理标志产品专用标志的		7	7	0	0	0.39	1.00	7	7	0	0	0	0
违法使用特殊标志的		104	34	5	1	53.27	199.34	92	33	8	0	0	0

Statistics of Common Cases of Trademark Offense Nationwide in 2017

Item		Total Number of Cases (piece)		Among: Number of Foreign-related Cases		Value (ten thousand yuan)	Fines (ten thousand yuan)	Among: Number of Cases Handled (piece)				Trademarks Reproduction Seized and Removed (piece)	Faulty Articles Destroyed (piece)
		Total	Among: Complaint Cases	Subtotal	Among: Complaint Cases			Subtotal	Among: Complaint Cases	Fines 100 000 ~ 1 000 000 yuan	Fines> 1 000 000 yuan		
Total		3145	507	33	9	3 196.30	2735.10	1065	271	40	0	47 109	3037
Administration on the Use of Registered Trademarks	Altering Registered Trademark Without Approval	44	6	0	0	33.09	*	2	1	*	*	*	*
	Altering the Name, Address or Other Registered Matters Without Approval	28	0	0	0	17.91	*	6	0	*	*	*	*
	Assigning a Registered Trademark Without Approval	0	0	0	0	0.00	*	0	0	*	*	*	*
	Producing Shoddy Goods to Deceive Consumers	317	30	1	0	274.21	323.48	98	7	2	0	*	*
Administration on the Use of Unregistered Trademarks	Passing Unregistered Trademarks off as Registered Trademarks	1828	360	23	7	1899.35	1528.24	664	201	18	0	*	*
	Producing Shoddy Goods to Deceive Consumers	475	27	0	0	492.72	456.85	88	7	3	0	*	*
	Violating Article 6 of Trademark Law	66	2	2	0	53.06	47.98	1	0	0	0	*	*
	Violating Article 10 of Trademark Law	77	2	0	0	35.05	52.84	24	0	0	0	*	*
Violating Article 40, Paragraph 2 of Trademark Law		27	3	0	0	73.26	*	13	0	*	*	0	0
Violating Article 13 of Trademark Law		24	3	1	1	67.57	*	8	2	*	*	1052	0
Violating the Regulation on Trademark Printing		144	33	1	0	155.67	84.77	60	13	7	0	46 057	3037
Illegal Use of Geographical Indications		4	0	0	0	40.75	40.60	2	0	2	0	0	0
Illegal Use of Special Signs of Geographical Indications		7	7	0	0	0.39	1.00	7	7	0	0	0	0
Illegal Use of Special Signs		104	34	5	1	53.27	199.34	92	33	8	0	0	0

表9　2017年全国查处商标侵权假冒案件统计表（一）

项目		案件总数（件）合计	案件总数（件）其中：投诉案件	其中：涉外案件 小计	其中：涉外案件 其中：投诉案件	案值（万元）	罚没金额（万元）	其中：立案查处 小计	其中：立案查处 其中：投诉案件	处罚程度 罚款10万~100万元	处罚程度 罚款100万元以上	利用互联网实施侵权假冒案件 案件数（件）	利用互联网实施侵权假冒案件 案值（万元）
合计		26 985	10 614	6022	3326	33 348.33	44 307.22	18 254	8724	914	15	370	3708.02
假冒商标	小计	4615	1634	1290	723	8661.63	11 237.73	3119	1339	270	5	46	187.94
假冒商标	未经注册商标所有人的许可，在相同商品上使用与其注册商标相同的商标的	2534	983	887	555	5412.54	8472.20	1802	801	68	5	24	22.61
假冒商标	伪造、擅自制造他人注册商标标识或者销售伪造、擅自制造的注册商标标识的	486	134	91	34	786.78	637.40	284	122	88	0	2	0.25
假冒商标	销售明知是假冒注册商标的商品的	1595	517	312	134	2462.31	2128.13	1033	416	114	0	20	165.08
商标侵权	小计	22 370	8 980	4732	2603	24 686.70	33 069.49	15 135	7385	644	10	324	3520.08
商标侵权	未经注册商标所有人的许可，在相同商品上使用与其注册商标近似的商标或在类似商品上使用与其注册商标相同或近似的商标的	4114	1 483	1012	459	5780.61	7111.49	2847	1218	90	3	43	116.00
商标侵权	销售侵犯注册商标专用权的商品的	17 315	7 084	3664	2106	17 836.05	24 685.57	11 777	5 868	529	7	256	3379.95
商标侵权	在同一种或类似商品上，将与他人注册商标相同或近似的标识作为商品名称或者商品装潢使用，误导公众的	295	108	36	24	287.21	395.96	153	95	6	0	4	1.16
商标侵权	故意为侵犯他人注册商标专用权行为提供仓储、运输、邮寄、隐匿便利条件的	41	9	3	0	124.55	40.74	18	3	6	0	0	0.00
商标侵权	未经商标注册人同意更换其注册商标并将该更换商标的商品又投入市场的	30	13	0	0	92.43	27.90	2	2	0	0	1	0.57
商标侵权	给他人注册商标专用权造成其他损害的	101	45	15	14	40.96	133.67	59	34	4	0	2	0.00
商标侵权	侵犯地理标志专用权的	29	0	1	0	8.70	6.79	10	0	0	0	0	0.00
商标侵权	侵犯特殊标志所有权的	26	3	0	0	183.30	189.00	8	2	1	0	0	0.00
商标侵权	侵犯驰名商标权益的	419	235	1	0	332.89	478.37	261	163	8	0	18	22.40

表9 2017年全国查处商标侵权假冒案件统计表（二）

项目		没收、销毁侵权商品（件）	没收、销毁侵权商标标识（件）	没收、销毁专门用于制造侵权商品和伪造注册商标标识的工具（件）	移送司法机关					
					案件数			其中：涉外案件		
					合计	其中：投诉案件	人数	合计	其中：投诉案件	人数
合计		13 135 159	2 569 503	14 913	*	*	*	*	*	*
假冒商标	小计	5 696 764	1 387 254	13 710	172	85	171	84	38	97
假冒商标	未经注册商标所有人的许可，在相同商品上使用与其注册商标相同的商标的	4 717 581	597 692	13 119	60	25	54	36	18	39
假冒商标	伪造、擅自制造他人注册商标标识或者销售伪造、擅自制造的注册商标标识的	576 120	761 308	591	31	21	31	10	6	13
假冒商标	销售明知是假冒注册商标的商品的	403 063	28 254	0	81	39	86	38	14	45
商标侵权	小计	7 438 395	1 182 249	1203	*	*	*	*	*	*
商标侵权	未经注册商标所有人的许可，在相同商品上使用与其注册商标近似的商标或在类似商品上使用与其注册商标相同或近似的商标的	4 209 891	665 173	761	*	*	*	*	*	*
商标侵权	销售侵犯注册商标专用权的商品的	3 071 734	485 646	436	*	*	*	*	*	*
商标侵权	在同一种或类似商品上，将与他人注册商标相同或近似的标识作为商品名称或者商品装潢使用，误导公众的	85 103	60	0	*	*	*	*	*	*
商标侵权	故意为侵犯他人注册商标专用权行为提供仓储、运输、邮寄、隐匿便利条件的	32 063	14 900	5	*	*	*	*	*	*
商标侵权	未经商标注册人同意更换其注册商标并将该更换商标的商品又投入市场的	0	0	0	*	*	*	*	*	*
商标侵权	给他人注册商标专用权造成其他损害的	1144	3	0	*	*	*	*	*	*
商标侵权	侵犯地理标志专用权的	25	300	0	*	*	*	*	*	*
商标侵权	侵犯特殊标志所有权的	0	2134	0	0	0	0	0	0	0
商标侵权	侵犯驰名商标权益的	38 435	14 033	1	*	*	*	*	*	*

Statistics of Trademark Infringement and Counterfeit Cases Nationwide in 2017（One）

Item		Total Number of Cases（piece）		Among:Number of Foreign-related Cases		Value（ten thousand yuan）	Fine（ten thousand yuan）	Number of Cases Handled（piece, ten thousand yuan）					
										Amounts of Fines		Cases of Infringement and Fake Through the Internet	
		Total	Among: Complaint Cases	Subtotal	Among: Complaint Cases			Subtotal	Among: Complaint Cases	Fines 100 000 ~ 1 000 000 yuan	Fines >1 000 000 yuan	Cases	Value（ten thousand yuan）
Total		26 985	10 614	6022	3326	33 348.33	44 307.22	18 254	8 724	914	15	370	3 708.02
Trademark Counterfeiting	Subtotal	4615	1634	1290	723	8661.63	11 237.73	3119	1339	270	5	46	187.94
	Using an Identical Trademark on the Same Goods Without the Consent of the Proprietor	2534	983	887	555	5412.54	8472.20	1802	801	68	5	24	22.61
	Counterfeiting or Making Lables of a Registered Trademark of Others, or Selling Such Labels as Counterfeited or Made Without Authorization	486	134	91	34	786.78	637.40	284	122	88	0	2	0.25
	Selling Goods Bearing Counterfeited Registered Trademarks Intentionally	1595	517	312	134	2462.31	2128.13	1 033	416	114	0	20	165.08
Trademark Infringements	Subtotal	22 370	8 980	4732	2603	24 686.70	33 069.49	15 135	7385	644	10	324	3 520.08
	Using a Similar Trademark on the Same Goods, or an Identical or Similar Trademark on Similar Goods Without Authorization	4114	1 483	1012	459	5780.61	7111.49	2847	1218	90	3	43	116.00
	Selling Goods that Infringe the Exclusive Right of a Registered Trademark	17 315	7 084	3664	2106	17 836.05	24 685.57	11 777	5868	529	7	256	3 379.95
	Using Identical or Similar Marks to a Registered Trademark of Others, on the Same or Similar Goods, as the Name or Decoration of the Goods	295	108	36	24	287.21	395.96	153	95	6	0	4	1.16
	Facilitating the Infringement Behaviors by Providing Storage, Transportation, Postal Service and Concealment Intentionally	41	9	3	0	124.55	40.74	18	3	6	0	0	0.00
	Changing Others' Registered Trademark Without Authorization, and Selling Goods Bearing a Replaced Trademark	30	13	0	0	92.43	27.90	2	2	0	0	1	0.57
	Causing other Damages to the Exclusive Right of a Registered Trademark of Others	101	45	15	14	40.96	133.67	59	34	4	0	2	0.00
	Infringing the Exclusive Right of Geographical Indications	29	0	1	0	8.70	6.79	10	0	0	0	0	0.00
	Infringing the Exclusive Right of Special Signs	26	3	0	0	183.30	189.00	8	2	1	0	0	0.00
	Infringing the Right of the Well-known Trademarks	419	235	1	0	332.89	478.37	261	163	8	0	18	22.40

Statistics of Trademark Infringement and Counterfeit Cases Nationwide in 2017 (Two)

Item		Infringing Articles Seized and Destroyed (piece)	Infringing Trademark Labels Seized and Removed (piece)	Seized and Destroyed Tools Specially Used to Manufacture the Infringing Goods and Counterfeit Labels of Registered Trademarks (piece)	Cases Transferred to Judicial Organs					
					Number of Cases			Among: Number of Foreign-related Cases		
					Total	Among: Complaint Cases	Persons Transferred	Total	Among: Complaint Cases	Persons Transferred
Total		13 135 159	2 569 503	14 913	*	*	*	*	*	*
Trademark Counterfeiting	Subtotal	5 696 764	1 387 254	13 710	172	85	171	84	38	97
	Using an Identical Trademark on the Same Goods Without the Consent of the Proprietor	4 717 581	597 692	13 119	60	25	54	36	18	39
	Counterfeiting or Making Lables of a Registered Trademark of Others, or Selling Such Labels as Counterfeited or Made Without Authorization	576 120	761 308	591	31	21	31	10	6	13
	Selling Goods Bearing Counterfeited Registered Trademarks Intentionally	403 063	28 254	0	81	39	86	38	14	45
Trademark Infringements	Subtotal	7 438 395	1 182 249	1203	*	*	*	*	*	*
	Using a Similar Trademark on the Same Goods, or an Identical or Similar Trademark on Similar Goods Without Authorization	4 209 891	665 173	761	*	*	*	*	*	*
	Selling Goods that Infringe the Exclusive Right of a Registered Trademark	3 071 734	485 646	436	*	*	*	*	*	*
	Using Identical or Similar Marks to a Registered Trademark of Others, on the Same or Similar Goods, as the Name or Decoration of the Goods	85 103	60	0	*	*	*	*	*	*
	Facilitating the Infringement Behaviors by Providing Storage, Transportation, Postal Service and Concealment Intentionally	32 063	14 900	5	*	*	*	*	*	*
	Changing Others' Registered Trademark Without Authorization, and Selling Goods Bearing a Replaced Trademark	0	0	0	*	*	*	*	*	*
	Causing Other Damages to the Exclusive Right of a Registered Trademark of Others	1144	3	0	*	*	*	*	*	*
	Infringing the Exclusive Right of Geographical Indications	25	300	0	*	*	*	*	*	*
	Infringing the Exclusive Right of Special Signs	0	2134	0	0	0	0	0	0	0
	Infringing the Right of the Well-known Trademarks	38 435	14 033	1	*	*	*	*	*	*

Ⅲ

版　权

表1 2017年全国版权合同登记情况统计表 （单位：份）

Statistics of Registration of Copyright Contract Nationwide in 2017

（unit：piece）

	合计 Total	图书 Book	期刊 Periodical	音像制品 Audio-visual Product	电子出版物 Electronic Publication	软件 Software	电影 Film	电视节目 Television Program	其他 Others
合计 Total	20 015	16 526	109	1860	424	869			227
中国版权保护中心 National Center of Copyright Protection	1845			1763		82			
北京 Beijing	9596	9375	108		113				
天津 Tianjin	417	363			54				
河北 Hebei	192	187				5			
山西 Shanxi	29	29							
内蒙古 Inner Mongdia									
辽宁 Liaoning	326	326							
吉林 Jilin	72	72							
黑龙江 Heilongjiang	165	165							
上海 Shanghai	1340	1129		97	114				
江苏 Jiangsu	526					526			
浙江 Zhejiang	543	364				179			
安徽 Anhui	117	117							
福建 Fujian	94	92				2			
江西 Jiangxi	522	522							
山东 Shandong	337	337							

（续表 cont'd）

	合计 Total	图书 Book	期刊 Periodical	音像制品 Audio-visual Product	电子出版物 Electronic Publication	软件 Software	电影 Film	电视节目 Television Program	其他 Others
河南 Henan	287	287							
湖北 Hubei	481	366				65			50
湖南 Hunan	306	306							
广东 Guangdong	555	235			143				177
广西 Guangxi	495	495							
海南 Hainan	178	178							
重庆 Chongqing	298	298							
四川 Sichuan	737	726	1			10			
贵州 Guizhou	14	14							
云南 Yunnan	301	301							
西藏 Tibet									
陕西 Shaanxi	185	185							
甘肃 Gansu	18	18							
青海 Qinghai									
宁夏 Ningxia	25	25							
新疆 Xinjiang	14	14							

表2　2017年全国作品登记分类情况统计表　（单位：份）

Statistics of Registration of Works Nationwide by Class in 2017　（unit：piece）

	合计 Total	文字 Written	口述 Oral	音乐 Musical	戏剧 Drama	曲艺 Quyi	舞蹈 Choreo-graphic	杂技 Acro-batics	美术 Fine Art	摄影 Photo-graphic	建筑 Archite-ctural	影视 Cine-mato-graphic	图形 Graph	模型 Model	其他 Others	录音 Audio Recording	录像 Video Recording
全国合计	2 001 966	480 640	201	11 619	293	154	266	27	653 820	734 998	743	45 171	8007	338	22 930	4714	38 045
北京 Beijing	809 586	221 624	0	4889	5	0	1	0	6944	538 575	0	72	349	49	6768	533	29 777
天津 Tianjin	307	126	0	20	10	2	0	0	122	0	0	9	0	4	14	0	0
河北 Hebei	1904	495	1	14	3	1	0	0	1311	1	0	13	19	0	43	0	3
山西 Shanxi	198	69	0	6	1	0	0	0	72	1	0	9	34	3	3	0	0
内蒙古 Inner Mongolia	299	55	0	28	0	0	7	0	162	0	15	7	0	0	24	1	0
辽宁 Liaoning	9007	2653	0	188	1	0	0	0	2361	388	3	197	5	0	0	0	3211
吉林 Jilin	1073	171	1	86	28	1	1	0	392	232	0	37	0	0	124	0	0
黑龙江 Heilongjiang	564	228	0	97	0	0	0	0	231	2	0	4	1	0	1	0	0
上海 Shanghai	234 658	129 859	0	280	24	0	0	0	69 943	19 464	2	8924	105	4	3506	583	1964
江苏 Jiangsu	286 596	46 445	160	606	36	5	55	4	199 563	14 329	3	23 631	333	88	4	1007	327
浙江 Zhejiang	21 005	554	0	117	0	0	0	0	17 731	1984	0	43	13	0	453	3	107

（续表 cont'd）

	合计 Total	文字 Written	口述 Oral	音乐 Musical	戏剧 Drama	曲艺 Quyi	舞蹈 Choreo-graphic	杂技 Acro-batics	美术 Fine Art	摄影 Photo-graphic	建筑 Archite-ctural	影视 Cine-mato-graphic	图形 Graph	模型 Model	其他 Others	录音 Audio Recording	录像 Video Recording
安徽 Anhui	10 011	1437	2	21	5	0	2	0	2261	6056	0	160	11	40	15	0	1
福建 Fujian	67 203	1444	0	408	1	1	0	1	64 079	477	50	301	268	14	76	1	82
江西 Jiangxi	10 212	3773	0	72	0	0	1	0	2361	539	0	3093	37	10	3	11	312
山东 Shandong	83 722	2181	9	90	1	5	0	4	13 568	65 662	390	490	1027	29	266	0	0
河南 Henan	1367	586	0	73	1	0	1	0	375	0	0	140	23	1	167	0	0
湖北 Hubei	22 005	1621	0	78	18	0	0	0	17 870	489	0	240	9	0	89	11	1580
湖南 Hunan	3971	673	0	36	1	0	0	0	2347	607	0	142	59	0	45	3	58
广东 Guangdong	54 641	7282	0	391	11	2	3	0	39 488	1239	4	903	813	34	2747	1670	54
广西 Guangxi	378	125	0	82	6	0	0	0	77	23	0	13	43	0	6	0	3
海南 Hainan	172	51	1	21	0	0	0	0	44	1	0	7	31	0	10	0	6
重庆 Chongqing	75 601	10 851	0	407	1	0	7	0	42 585	14 761	31	714	594	13	5064	27	546
四川 Sichuan	140 271	37 028	6	1221	13	113	168	18	26 514	68 878	239	2470	3491	46	66	0	0

（续表 cont'd）

	合计 Total	文字 Written	口述 Oral	音乐 Musical	戏剧 Drama	曲艺 Quyi	舞蹈 Choreo-graphic	杂技 Acro-batics	美术 Fine Art	摄影 Photo-graphic	建筑 Archite-ctural	影视 Cine-mato-graphic	图形 Graph	模型 Model	其他 Others	录音 Audio Recording	录像 Video Recording
贵州 Guizhou	429	20	0	22	4	5	11	0	229	29	0	10	95	0	4	0	0
云南 Yunnan	583	312	0	91	0	0	0	0	180	0	0	0	0	0	0	0	0
西藏 Tibet	0	0	0	0	0	0	0	0	0	0	0	0	0	0	0	0	0
陕西 Shaanxi	5008	599	1	50	3	0	0	0	3219	1026	0	80	13	0	10	1	6
甘肃 Gansu	190	104	0	3	0	0	0	0	76	1	0	4	0	0	2	0	0
青海 Qinghai	58	10	0	0	0	0	0	0	42	0	0	2	0	2	0	0	2
宁夏 Ningxia	488	107	0	34	2	0	0	0	319	0	0	25	1	0	0	0	0
新疆 Xinjiang	1270	228	13	122	0	0	0	0	889	1	0	8	8	0	0	0	1
中国版权保护中心 National Center of Copyright Protection	159 189	9929	7	2066	118	19	9	0	138 465	233	6	3423	625	1	3420	863	5

注：中国版权保护中心作品登记226 915件，含作品登记114 563件，涉及作品159 189件，DCI登记67 726件。

表3　2017年版权输出地汇总表　（单位：项）
Summary of Destinations of Copyright Exported in 2017（unit：item）

原版权所在国家或地区名称 Countries or Regions where Copyrights Exported to \ 输出版权总数 Total of Copyrights Exported	合计 Total	图书 Book	录音制品 Audio Recording	录像制品 Video Recording	电子出版物 Electronic Publication	软件 Software	电影 Film	电视节目 Television Program	其他 Others
	13 816	10 670	322	102	1557	8	2	1152	3
美国 U.S.A.	1213	592			525			95	1
英国 U.K.	496	421			24	1		50	
德国 Germany	498	421			26			50	1
法国 France	222	172						50	
俄罗斯 Russia	309	306	2					1	
加拿大 Canada	273	222						51	
新加坡 Singapore	363	254			9	1		99	
日本 Japan	330	327			3				
韩国 Korea	540	490	25		25				

（续表 cont'd）

	合计 Total	图书 Book	录音制品 Audio Recording	录像制品 Video Recording	电子出版物 Electronic Publication	软件 Software	电影 Film	电视节目 Television Program	其他 Others
中国香港地区 Hong Kong，China	1177	339	168	100	514			56	
中国澳门地区 Macao，China	141	87			4			50	
中国台湾地区 Taiwan of China	2035	1909	16		58			52	
其他 Others	6219	5130	111	2	369	6	2	598	1

表4　2017年版权引进地汇总表　（单位：项）
Summary of Origins of Copyright Imported in 2017　（unit：item）

原版权所在国家或地区名称 Countries or Regions of Copyrights' Origin / 引进版权总数 Total of Copyrights Imported	合计 Total	图书 Book	录音制品 Audio Recording	录像制品 Video Recording	电子出版物 Electronic Publication	软件 Software	电影 Film	电视节目 Television Program	其他 Others
	18 120	17 154	147	364	372	12	10	61	
美国 U.S.A.	6645	6217	41	239	126	1	2	19	
英国 U.K.	2991	2 835	23	17	80			36	
德国 Germany	951	933	2	11	3			2	
法国 France	1164	1133	2	11	14		4		
俄罗斯 Russia	93	90	0	1	2				
加拿大 Canada	170	156	0	5	9				
新加坡 Singapore	259	249	5	0	3	1		1	
日本 Japan	2232	2101	25	54	46	4	1	1	
韩国 Korea	183	168	1	4	10				

（续表 cont'd）

	合计 Total	图书 Book	录音制品 Audio Recording	录像制品 Video Recording	电子出版物 Electronic Publication	软件 Software	电影 Film	电视节目 Television Program	其他 Others
中国香港地区 Hong Kong，China	165	139	15	3	6	2			
中国澳门地区 Macao，China	0	0	0	0					
中国台湾地区 Taiwan of China	946	917	18	0	9	2			
其他 Others	2321	2216	15	19	64	2	3	2	

表5 2017年全国版权执法情况统计表
Statistics of Copyright Law Enforcement in 2017

案件查处 Cases Handled				收缴盗版品 Pirated Product Confiscated			
项目 Item	上年度数量 Numbers of Last Year	本年度数量 Numbers of This Year	同比增减（%） Year-on-year Increase or Decrease（%）	项目 Item	上年度数量 Numbers of Last Year	本年度数量（种） Numbers of This Year（type）	同比增减（%） Year-on-year Increase or Decrease（%）
行政处罚数量（件） Numbers of Administrative Punishments（piece）	3065	3552	15.89	合计 Total	12 919 747	9 709 248	-24.85
案件移送数量（件） Numbers of Transferred Cases（piece）	189	442	133.86	书刊 Book and Periodical	10 042 515	5 468 163	-45.55
检查经营单位数量（个） Numbers of Business Units Checked（unit）	878 013	636 864	-27.46	软件 Software	378 021	365 423	-3.33
取缔违法经营单位数量（个） Numbers of Illegal Business Units Tracked Down（unit）	6243	4102	-34.29	音像制品 Audio-visual Product	1 953 899	1 393 489	-28.68
查获地下窝点数量（个） Numbers of Underground Markets Tracked Down（unit）	325	155	-52.3	电子出版物 Electronic Publication	162 048	169 552	4.63
其中：地下光盘生产线（条） Among:Underground CD Production Line（piece）	1	4		其他 Others	383 264	2 312 621	503.4
违法经营网站服务器（个） Illegal Operation Web Server（unit）	709	244	-65.58	未分类项 Non-classified Item			
罚款金额（元） Amounts of Fine（yuan）	13 406 043	10 024 793	-25.22				

（本统计数据由国家版权局版权管理司提供）

Ⅳ

集成电路布图设计

表1　2017年集成电路布图设计登记申请统计表　　（单位：件）
Statistics of Applications for Registration of Layout-design of Integrated Circuits in 2017　　（unit：piece）

地区 Region	申请数量 The Number of Applications
合计 Total	3228
国内 Domestic	3174
东部地区 Eastern Region	2311
中部地区 Middle Region	523
西部地区 Western Region	321
东北地区 Northeast Region	10
北京 Beijing	259
天津 Tianjin	12
河北 Hebei	6
山西 Shanxi	3
内蒙古 Inner Mongolia	2
辽宁 Liaoning	8
吉林 Jilin	0
黑龙江 Heilongjiang	2
上海 Shanghai	716
江苏 Jiangsu	396
浙江 Zhejiang	175
安徽 Anhui	437
福建 Fujian	114
江西 Jiangxi	5
山东 Shandong	24

（续表 cont'd）

地区 Region		申请数量 The Number of Applications
	河南 Henan	0
	湖北 Hubei	50
	湖南 Hunan	28
	广东 Guangdong	609
	广西 Guangxi	2
	重庆 Chongqing	23
	海南 Hainan	0
	四川 Sichuan	180
	贵州 Guizhou	8
	云南 Yunnan	4
	西藏 Tibet	1
	陕西 Shaanxi	101
	甘肃 Gansu	0
	青海 Qinghai	0
	宁夏 Ningxia	0
	新疆 Xinjiang	0
	香港 Hong Kong	7
	台湾 Taiwan	2
国外 Foreign		54
	美国 U.S.A.	54
	韩国 Korea	0
	开曼群岛 Cayman Islands	0
	日本 Japan	0

注：统计范围为向我国国家知识产权局提出集成电路布图设计登记申请的国内外申请人以及获得我国国家知识产权局登记发证的集成电路布图设计国内外专有权人。

表2 2017年集成电路布图设计登记发证统计表 （单位：件）

Statistics of Issued Certificates of Layout-design of Integrated Circuits in 2017 （unit：piece）

地区 Region	发证数量 The Number of Issued Certificates
合计 Total	2670
国内 Domestic	2574
东部地区 Eastern Region	1965
中部地区 Middle Region	383
西部地区 Western Region	217
东北地区 Northeast Region	7
北京 Beijing	217
天津 Tianjin	13
河北 Hebei	16
山西 Shanxi	0
内蒙古 Inner Mongolia	1
辽宁 Liaoning	6
吉林 Jilin	0
黑龙江 Heilongjiang	1
上海 Shanghai	566
江苏 Jiangsu	370
浙江 Zhejiang	124
安徽 Anhui	308
福建 Fujian	105
江西 Jiangxi	3
山东 Shandong	24
河南 Henan	0

（续表 cont'd）

地区 Region	发证数量 The Number of Issued Certificates
湖北 Hubei	45
湖南 Hunan	27
广东 Guangdong	530
广西 Guangxi	0
重庆 Chongqing	25
海南 Hainan	0
四川 Sichuan	106
贵州 Guizhou	3
云南 Yunnan	1
西藏 Tibet	0
陕西 Shaanxi	80
甘肃 Gansu	0
青海 Qinghai	0
宁夏 Ningxia	0
新疆 Xinjiang	1
香港 Hong Kong	0
台湾 Taiwan	2
国外 Foreign	96
美国 U.S.A.	96
韩国 Korea	0
开曼群岛 Cayman Islands	0
日本 Japan	0

注：统计范围为向我国国家知识产权局提出集成电路布图设计登记申请的国内外申请人以及获得我国国家知识产权局登记发证的集成电路布图设计国内外专有权人。

（本统计数据由国家知识产权局规划发展司提供）

V

农业植物新品种

1999~2017年品种权申请情况汇总表

Summary of Agricultural PBR's Applications and Grants，1999–2017

表1　根据植物种类划分的统计表　（单位：件）

Statistics of Classification by Plant Kind　(unit：piece)

作物种类 Category of Crop	植物种类 Category of Plant	申请 Applications	授权 Grants	2016年申请 Applications in 2016	2017年申请 Applications in 2017	2017年授权 Grants in 2017
大田作物 申请：17 660 授权：8115 Agricultural Crops Applications：17 660 Grants：8115	水稻 Oryza sativa L.	6135	2932	669	944	464
	玉米 Zea mays L.	6934	3143	712	1086	415
	普通小麦 Triticum aestivum L.	1785	683	241	306	67
	大豆 Glycine max (L.) Merrill	897	470	86	167	64
	甘蓝型油菜 Brassica napus L.	336	199	32	20	23
	花生 Arachis hypogaea L.	279	117	35	60	37
	甘薯 Ipomoea batatas (L.) Lam.	122	56	19	24	18
	谷子 Setaria italica (L.) Beauv.	114	34	19	19	4
	高粱 Sorghum bicolor (L.) Moench	84	49	14	3	11
	大麦属 Hordeum L.	131	69	10	21	21
	苎麻属 Boehmeria L.	3	3	0	0	1
	棉属 Gossypium L.	549	302	31	37	33
	亚麻 Linum usitatissimum L.	6	4	2	0	0
	芥菜型油菜 Brassica juncea Czern. et Coss.	1	0	0	0	0
	蚕豆 Vicia faba L.	21	10	0	3	3
	绿豆 Vigna radiata (L.) Wilczek	35	5	8	5	1
	芝麻 Sesamum indicum L.	20	3	3	0	1
	甘蔗属 Saccharum L.	69	34	11	11	13
	小豆 Vigna angularis (Willd.) Ohwi et Ohashi	20	2	8	7	1
	燕麦 Avena sativa L. & Avena nuda L.	4	0	0	4	0

（续表 cont'd）

作物种类 Category of Crop	植物种类 Category of Plant	申请 Applications	授权 Grants	2016年申请 Applications in 2016	2017年申请 Applications in 2017	2017年授权 Grants in 2017
大田作物 申请：17 660 授权：8115 Agricultural Crops Application: 17 660 Grant: 8115	向日葵 Helianthus annuus L.	99	0	65	34	0
	荞麦属 Fagopyrum Mill	1	0	1	0	0
	白菜型油菜 Brassia campestris L.	5	0	4	1	0
	薏苡属 Coix Linn.	2	0	1	1	0
	蓖麻 Ricinus Communis L.	5	0	5	0	0
蔬菜 申请：1692 授权：515 Vegetables Application: 1692 Grant: 515	大白菜 Brassica campestris L. ssp. pekinensis (Lour.) Olsson	105	47	5	23	1
	马铃薯 Solanum tuberosum L.	151	57	15	30	8
	普通番茄 Lycopersicon esculentum Mill.	271	62	50	88	12
	黄瓜 Cucumis sativum L.	128	66	9	39	6
	辣椒属 Capsicum L.	270	79	37	86	10
	普通西瓜 Citrullus lanatus (Thunb.) Matsum et Nakai	196	57	26	71	7
	普通结球甘蓝 Brassica oleracea L. var. capitata (L.) Alef. var. alba DC.	80	34	18	13	7
	食用萝卜 Raphanus sativus L. var. longipinnatus Bailey & Raphanus sativus L. var. radiculus Pers.	29	6	2	12	0
	茄子 Solanum melongena L.	46	20	6	11	3
	豌豆 Pisum sativum L.	8	2	0	6	1
	菜豆 Phaseolus vulgaris L.	34	6	1	17	2
	豇豆 Vigna unguiculata (L.) Walp.	17	7	2	6	1
	大葱 Allium fistulosum L.	4	1	0	1	0
	西葫芦 Cucurbita pepo L.	51	15	5	12	6
	花椰菜 Brassica oleracea L. var. botrytis L.	29	16	2	5	4
	芹菜 Apium graveolens L.	4	1	1	0	1

（续表 cont'd）

作物种类 Category of Crop	植物种类 Category of Plant	申请 Applications	授权 Grants	2016年申请 Applications in 2016	2017年申请 Applications in 2017	2017年授权 Grants in 2017
蔬菜 申请：1692 授权：515 Vegetables Application：1692 Grant：515	胡萝卜 Daucus carota L.	2	0	0	2	0
	甜瓜 Cucumis melo L.	104	29	15	38	6
	大蒜 Allium sativum L.	7	5	0	2	0
	不结球白菜 Brassica campestris ssp. chinensis	48	5	9	15	2
	苦瓜 Momordica charantia L.	28	0	4	17	0
	芥菜 Brassica juncea(L.) Czern.et coss	7	0	0	4	0
	芥蓝 Brassica alboglabra Bailey L.	5	0	1	2	0
	莴苣 Lactuca sativa L.	14	0	0	13	0
	冬瓜 Benincasa hispida Cogn.	2	0	2	0	0
	菠菜 Spinacia oleracea L.	3	0	2	1	0
	南瓜 Cucurbita moschata (Duch. ex Lam.)Duch. ex Poiret	36	0	14	22	0
	丝瓜属 Luffa Mill.	2	0	2	0	0
	青花菜 Brassica oleracea vovritalica	5	0	1	4	0
	洋葱 Allium cepa	4	0	0	4	0
	姜 Zingiber officinale Rosc.	0	0	0	0	0
	茭白（菰） Zizania latifolia (Griseb.) Stapf	0	0	0	0	0
	芦笋（石刁柏） Asparagus officinalis	0	0	0	0	0
	山药(薯蓣) Dioscoreae rhizoma	0	0	0	0	0
	菊芋 Helianthus tuberosus (L.1753)	1	0	0	1	0
	咖啡黄葵 Abelmoschus esculentus (Linn.) Moench	1	0	0	1	0

（续表 cont'd）

作物种类 Category of Crop	植物种类 Category of Plant	申请 Applications	授权 Grants	2016年申请 Applications in 2016	2017年申请 Applications in 2017	2017年授权 Grants in 2017
花卉 申请：1544 授权：652 Ornamentals Application：1544 Grant：652	春兰 Cymbidium goeringii Rchb.f	5	0	0	5	0
	菊属 Chrysanthemum L.	398	182	38	105	26
	石竹属 Dianthus L.	148	71	9	21	13
	唐菖蒲属 Gladiolus L.	3	2	0	0	0
	兰属 Cymbidium Sw.	71	23	13	14	0
	百合属 Lilium L.	130	63	9	4	14
	鹤望兰属 Strelitzia Ait.	0	0	0	0	0
	补血草属 Limonium Mill.	4	3	0	0	0
	非洲菊 Gerbera jamesonii Bolus	142	95	5	12	9
	花毛茛 Ranunculus asiaticus L.	7	0	0	5	0
	雁来红 Amaranthus tricolor L.	0	0	0	0	0
	花烛属 Anthurium Schott	200	81	19	21	15
	果子蔓属 Guzmania Ruiz. & Pav.	54	37	5	0	8
	莲 Nelumbo nucifera Gaertn.	19	5	13	0	1
	蝴蝶兰属 Phalaenopsis Bl.	257	66	57	61	20
	秋海棠属 Begonia L.	22	9	5	5	4
	凤仙花 Impatiens balsamina L.	2	0	0	0	0
	非洲凤仙花 Impatiens wallerana Hook. f.	0	0	0	0	0
	新几内亚凤仙花 Impatiens hawkeri Bull.	16	8	0	2	4
	万寿菊属 Tagetes L.	17	7	0	6	7
	郁金香属 Tulipa L.	0	0	0	0	0
	仙客来 Cyclamen persicum Mill.	0	0	0	0	0

（续表 cont'd）

作物种类 Category of Crop	植物种类 Category of Plant	申请 Applications	授权 Grants	2016年申请 Applications in 2016	2017年申请 Applications in 2017	2017年授权 Grants in 2017
花卉 申请：1544 授权：652 Ornamentals Application：1544 Grant：652	一串红 Salvia splendens Ker-Gawler	0	0	0	0	0
	三色堇 Viola tricolor L.	0	0	0	0	0
	矮牵牛(碧冬茄) Petunia hybrida (J.D.Hooker) Vilmorin	8	0	0	8	0
	马蹄莲属 Zantedeschia aethiepica (L.) Spreng.	7	0	0	7	0
	铁线莲属 Clematis L.	0	0	0	0	0
	石斛属 Dendrobium Sw.	15	0	5	10	0
	萱草属 Hemerocallis L.	19	0	5	14	0
	薰衣草属 Lavandula Linn.	0	0	0	0	0
	欧报春 Primula vulgaris	0	0	0	0	0
	水仙属 Narcissus L.	0	0	0	0	0
水果 申请：829 授权：343 Fruit Crops Application：829 Grant：343	梨属 Pyrus L.	108	50	14	26	4
	桃 Prunus persica（L.）Batsch.	79	46	11	15	9
	荔枝 Litchi chinensis Sonn.	4	3	0	1	2
	苹果属 Malus Mill.	104	33	8	15	5
	柑橘属 Citrus L.	88	44	8	14	16
	香蕉 Musa acuminata Colla	20	11	5	2	7
	猕猴桃属 Actinidia Lindl.	121	60	21	14	15
	葡萄属 Vitis L.	108	54	16	13	15
	李 Prunus salicina Lindl. & P. domestica L. & P.cerasifera Ehrh.	20	2	3	1	2
	草莓 Fragaria ananassa Duch.	122	30	14	56	3
	桑属 Morus L.	15	9	3	0	4
	龙眼 Dimocarpus longan Lour.	0	0	0	0	0
	枇杷 Eriobotrya japonica Lindl.	10	0	1	2	0
	樱桃 Prunus avium L.	9	1	2	4	0
	芒果 Mangifera indica L.	15	0	0	14	0
	杨梅属 Myrica L.	3	0	0	3	0

（续表 cont'd）

作物种类 Category of Crop	植物种类 Category of Plant	申请 Applications	授权 Grants	2016年申请 Applications in 2016	2017年申请 Applications in 2017	2017年授权 Grants in 2017
水果 申请：829 授权：343 Fruit Crops Application：829 Grant：343	椰子 Cocos nucifera L.	0	0	0	0	0
	凤梨属 Ananas Mill.	2	0	1	1	0
	番木瓜 Carica papaya L.	0	0	0	0	0
	木菠萝（菠萝蜜） Artocarpus heterophyllus Lam.	0	0	0	0	0
	无花果 Ficus carica Linn.	1	0	1	0	0
牧草 申请：22 授权：2 Pasture Grass Application：22 Grant：2	紫花苜蓿 Medicago sativa L.	7	1	0	0	1
	草地早熟禾 Poa pratensis L.	4	0	0	0	0
	酸模属 Rumex L.	4	0	1	1	0
	柱花草属 Stylosanthes Sw. ex Willd	3	1	0	1	1
	结缕草 Zoysia japonica Steud	4	0	4	0	0
其他 申请：173 授权：54 Others Application：173 Grant：54	白灵侧耳 Pleurotus nebrodensis	3	1	0	0	0
	华北八宝 Hylotelephium tatarinowii (Maxim.) H. Ohba	0	0	0	0	0
	橡胶树 Hevea brasiliensis （Willd. ex A. de Juss.）Muell. Arg.	10	7	0	2	1
	茶组 Camellia L. Section Thea (L.) Dyer	121	32	16	37	12
	木薯 Manihot esculenta Crantz	0	0	0	0	0
	人参 Panax ginseng C. A. Mey.	5	3	0	0	3
	三七 Panax notoginseng(Burk) F.H. Chen	4	1	0	3	1
	烟草 Nicotiana tabacum L. & Nicotiana rustica L.	7	5	1	0	5
	羊肚菌属 Morchella	5	5	0	5	5
	香菇 Lentinus edodes (Berk.) Sing	7	0	1	6	0
	黑木耳 Auricularia auricula (L.ex Hook.) Underwood	3	0	3	0	0
	灵芝属 Ganoderma Karst.	2	0	0	2	0
	双孢蘑菇 Agaricus bisporus	3	0	0	3	0
	枸杞属 Lycium L.	0	0	0	0	0
	天麻 Gastrodia elata Bl.	0	0	0	0	0

作物种类 Category of Crop	植物种类 Category of Plant	申请 Applications	授权 Grants	2016年申请 Applications in 2016	2017年申请 Applications in 2017	2017年授权 Grants in 2017
其他 申请：173 授权：54 Others Application：173 Grant：54	灯盏花（短莛飞蓬） Erigeron breviscapus（Vant.）Hand-Mazz	0	0	0	0	0
	何首乌 Fallopia multiflora（Thunb.）Harald	0	0	0	0	0
	菘蓝 Isatis indigotica Fortune	0	0	0	0	0
	甜菊（甜叶菊） Stevia rebandiana（Bertoni）Hemsl.	3	0	1	2	0
合计 Total		21 917	9681	2523	3842	1486

表2　根据单位性质划分的统计表　（单位：件）
Statistics of Classification by Character of Units　(unit：piece)

单位性质 Character of Units	申请 Application	授权 Grant	2016年申请 Application in 2016	2017年申请 Application in 2017
国内科研 Domestic Research Institutes	9346	3454	928	1893
国内企业 Domestic Enterprises	8650	4626	1173	1192
国内教学 Domestic Teaching Institutes	1520	729	199	265
国内个人 Domestic Individuals	1368	468	71	314
国外企业 Foreign Enterprises	897	378	137	138
国外个人 Foreign Individuals	53	3	4	33
国外教学 Foreign Teaching Institutes	50	10	2	3
国外科研 Foreign Research Institutes	33	13	9	4
合计 Total	21 917	9681	2523	3842

表3 根据地区划分的统计表 （单位：件）
Statistics of Classification by Region （unit：piece）

	排名 Ranking	地区 Region	申请 Application	授权 Grant	2016年申请 Application in 2016	2017年申请 Application in 2017
国内 Domestic	1	北京 Beijing	2408	814	368	473
	2	河南 Henan	1764	676	189	344
	3	山东 Shandong	1602	708	174	323
	4	江苏 Jiangsu	1365	636	154	262
	5	黑龙江 Heilongjiang	1360	701	166	169
	6	四川 Sichuan	1264	425	87	240
	7	安徽 Anhui	1156	751	195	89
	8	吉林 Jilin	983	522	84	101
	9	河北 Hebei	915	424	112	154
	10	云南 Yunnan	709	411	35	44
	11	湖南 Hunan	892	362	90	190
	12	辽宁 Liaoning	781	451	77	119
	13	浙江 Zhejiang	683	242	67	186
	14	广东 Guangdong	625	256	115	126
	15	福建 Fujian	511	230	61	110
	16	湖北 Hubei	455	219	48	66
	17	上海 Shanghai	371	187	46	50
	18	内蒙古 Inner Mongolia	344	164	43	75
	19	广西 Guangxi	325	147	32	47

（续表 cont'd）

	排名 Ranking	地区 Region	申请 Application	授权 Grant	2016年申请 Application in 2016	2017年申请 Application in 2017
国内 Domestic	20	陕西 Shaanxi	280	103	46	60
	21	天津 Tianjin	224	80	22	31
	22	山西 Shanxi	217	135	17	28
	23	贵州 Guizhou	216	101	14	25
	24	新疆 Xinjiang	195	111	25	15
	25	重庆 Chongqing	191	63	18	53
	26	江西 Jiangxi	189	94	19	46
	27	甘肃 Gansu	181	95	38	23
	28	海南 Hainan	81	42	10	16
	29	台湾 Taiwan	61	5	15	13
	30	宁夏 Ningxia	48	20	4	10
	31	青海 Qinghai	13	8	0	0
	32	西藏 Tibet	5	5	0	0
国外 Foreign	荷兰 Netherlands		471	216	42	74
	美国 U.S.A.		450	131	45	102
	韩国 Korea		131	39	7	68
	法国 France		117	0	10	50
	日本 Japan		96	47	5	1
	德国 Germany		78	22	7	31
	瑞士 Switzerland		38	5	9	13

（续表 cont'd）

	地区 Region	申请 Application	授权 Grant	2016年申请 Application in 2016	2017年申请 Application in 2017
国外 Foreign	意大利 Italy	22	5	7	2
	西班牙 Spain	22	9	5	4
	比利时 Belgium	18	10	4	0
	新西兰 New Zealand	18	4	2	0
	澳大利亚 Australia	17	0	3	6
	以色列 Israel	15	3	5	0
	英国 U.K.	3	1	0	1
	南非 South Africa	2	1	0	1
	爱尔兰 Ireland	1	0	0	0
	希腊 Greece	1	0	0	0
	智利 Chile	1	0	0	0
	新加坡 Singapore	1	0	1	0
	捷克 Czech	1	0	0	1
合计 Total		21 917	9681	2523	3842

表4 1999～2017年国外植物新品种权申请情况统计表 （单位：件）
Statistics of Application for Foreign Plant Variety Right, 1999–2017（unit：piece）

申请地区 Region	植物种类 Category of Plant	申请量 Application
荷兰（申请471件） Netherlands（471）	马铃薯 Solanum tuberosum L.	27
	菊属 Chrysanthemum L.	94
	石竹属 Dianthus L.	28
	普通番茄 Lycopersicon esculentum Mill.	8
	辣椒属 Capsicum L.	14
	梨属 Pyrus L.	1
	百合属 Lilium L.	51
	普通结球甘蓝 Brassica oleracea L. var. capitata（L.）Alef. var. alba DC.	3
	茄子 Solanum melongena L.	7
	非洲菊 Gerbera jamesoii Bolus	12
	花烛属 Anthurium Schott	125
	果子蔓属 Guzmania Ruiz. & Pav.	26
	蝴蝶兰属 Phalaenopsis Bl.	45
	秋海棠属 Begonia L.	18
	萱草属 Hemerocallis L.	6
	黄瓜 Cacumis satious L.	2
	马蹄莲属 Zantedeschia aethiopica	2
	普通西瓜 Citrullus Ianatus	1
	苹果属 Malus Mill.	1

（续表 cont'd）

申请地区 Region	植物种类 Category of Plant	申请量 Application
美国（申请450件） U.S.A.（450）	玉米 Zea mays L.	336
	普通番茄 Lycopersicon esculentum Mill.	21
	辣椒属 Capsicum L.	11
	苹果属 Malus Mill.	7
	柑橘属 Citrus L.	2
	葡萄属 Vitis L.	23
	草莓 Fragaria ananassa Duch.	47
	梨属 Pyrus L.	2
	甜菊（甜叶菊） Stevia rebandiana（Bertoni ）Hemsl.	1
韩国（申请96件） Korea（96）	水稻 Oryza sativa L.	2
	玉米 Zea mays L.	6
	马铃薯 Solanum tuberosum L.	5
	菊属 Chrysanthemum L.	22
	唐菖蒲属 Gladiolus L.	1
	梨属 Pyrus L.	24
	兰属 Cymbidium Sw.	4
	甘薯 Ipomoea batatas （L.） Lam.	3
	桃 Prunus persica（L.）Batsch.	2
	普通结球甘蓝 Brassica oleracea L. var. capitata（L.）Alef. var. alba DC.	1
	苹果属 Malus Mill.	7
	猕猴桃属 Actinidia Lind l.	5
	葡萄属 Vitis L.	8

（续表 cont'd）

申请地区 Region	植物种类 Category of Plant	申请量 Application
韩国（申请96件） Korea（96）	草莓 Fragaria ananassa Duch.	2
	人参 Panax ginseng C. A. Mey.	4
日本（申请131件） Japan（131）	水稻 Oryza sativa L.	16
	菊属 Chrysanthemum L.	14
	石竹属 Dianthus L.	8
	石斛属 Dendrobium Sw.	3
	普通番茄 Lycopersicon esculentum Mill.	1
	辣椒属 Capsicum L.	1
	兰属 Cymbidium Sw.	10
	桃 Prunus persica（L.）Batsch.	1
	苹果属 Malus Mill.	6
	甜瓜 Cucumis melo L.	1
	草莓 Fragaria ananassa Duch.	11
	香菇 Lentinus edodes (Berk.) Sing	4
	新几内亚凤仙花 Impatiens hawkeri Bull.	16
	梨属 Pyrus L.	8
	花毛茛 Ranunculus asiaticus	5
	矮牵牛（碧冬茄） Petunia hybrida Vilm	5
	莴苣 Lactuca sativa Linn	5
	柑橘属 Citvus L.	4
	蝴蝶兰属 Phalaenopsis Blume	3
	葡萄属 Vitis L.	2

（续表 cont'd）

申请地区 Region	植物种类 Category of Plant	申请量 Application
日本（申请131件） Japan（131）	马蹄莲属 Zan tedeschia aethiopica	2
	洋葱 Allium cepa L.	1
	猕猴桃属 Allium cepa L.	1
	樱桃 cerasus pseudocerasus	1
	甘薯 Dioscorea esculenta	1
	大豆 Glycine max	1
德国（申请78件） Germany（78）	水稻 Oryza sativa L.	2
	玉米 Zea mays L.	59
	菊属 Chrysanthemum L.	5
	梨属 Pyrus L.	3
	苹果属 Malus Mill.	1
	李 Prums salicina Lindl. & P. domestica L. & P. cerasifera Ehrh.	2
	秋海棠属 Begonia L.	1
	马铃薯 Solanum tuberosum L.	5
比利时（申请18件） Belgium（18）	果子蔓属 Guzmania Ruiz. & Pav.	14
	苹果属 Malus Mill.	4
新西兰（申请18件） New Zealand（18）	苹果属 Malus Mill.	9
	猕猴桃属 Actinidia Lindl.	9
西班牙（申请22件） Spain（22）	石竹属 Dianthus L.	13
	柑橘属 Citrus L.	4
	草莓 Fragaria ananassa Duch.	4
	向日葵 Helianthus annuus	1

（续表 cont'd）

申请地区 Region	植物种类 Category of Plant	申请量 Application
澳大利亚（申请15件） Australia（15）	大麦属 Hordeum L.	2
	苹果属 Malus Mill.	8
	柑橘属 Citrus L.	3
	李 Prums salicina Lindl. & P. domestica L. & P. cerasifera Ehrh.	2
意大利（申请22件） Italy（22）	石竹属 Dianthus L.	3
	梨属 Pyrus L.	2
	苹果属 Malus Mill.	4
	猕猴桃属 Actinidia Lindl.	1
	葡萄属 Vitis L.	2
	草莓 Fragaria ananassa Duch.	10
法国（申请117件） France（117）	玉米 Zea Mays L.	108
	马铃薯 Solanum tuberosum L.	5
	苹果属 Malus Mill.	2
	草莓 Fragaria ananassa Duch.	2
瑞士（申请38件） Switzerland（38）	玉米 Zea Mays L.	26
	莴苣 Lactuca sativa L.	6
	向日葵 Helianthus annuus L.	2
	菠菜 Spinacia oleracea L.	1
	青花菜 Brassica oleracea vovritalica	1
	普通番茄 Lycopersicon Tsculentum Mill.	1
	普通西瓜 Citrullus Lanatus	1

（续表 cont'd）

申请地区 Region	植物种类 Category of Plant	申请量 Application
以色列（申请17件） Israel（17）	非洲菊 Gerbera	4
	普通番茄 Lycopersicon esculentum Mill.	2
	草莓 Fragaria ananassa Duch	3
	矮牵牛（碧冬茄） Petunia hybrida Vilm	3
	蓖麻 Ricinus communis L.	5
英国（申请3件） U.K.（3）	马铃薯 Solanum tuberosum L.	1
	苹果属 Malus Mill.	1
	葡萄属 Vitis	1
智利（申请1件） Chile（1）	葡萄属 Vitis L.	1
爱尔兰（申请1件） Ireland（1）	马铃薯 Solanum tuberosum L.	1
南非（申请2件） South Africa（2）	柑橘属 Citrus L.	2
希腊（申请1件） Greece（1）	猕猴桃属 Actinidia Lindl.	1
新加坡（申请1件） Sigapore（1）	凤梨属 Ananas Mill.	1
捷克 Cezch（1）	樱桃 cerasus pseudocerasus	1
合计（件） Total（piece）	1503	

（本统计数据由农业部植物新品种保护办公室提供）

VI

林业植物新品种

表1　1999~2017年林业植物新品种申请量和授权量统计表　（单位：件）

Statistics of Forestry PBR's Applications and Grants，1999–2017　（unit：piece）

年度 Year	申请 Application			授权 Grant		
	国内申请人 Domestic Applicant	国外申请人 Foreign Applicant	合计 Total	国内品种权人 Domestic Titles Holder	国外品种权人 Foreign Titles Holder	合计 Total
1999	181	1	182	6	0	6
2000	7	4	11	18	5	23
2001	8	2	10	19	0	19
2002	13	4	17	1	0	1
2003	14	35	49	7	0	7
2004	17	19	36	16	0	16
2005	41	32	73	19	22	41
2006	22	29	51	8	0	8
2007	35	26	61	33	45	78
2008	57	20	77	35	5	40
2009	62	5	67	42	13	55
2010	85	4	89	26	0	26
2011	123	16	139	11	0	11
2012	196	26	222	169	0	169
2013	169	8	177	115	43	158
2014	243	11	254	150	19	169
2015	208	65	273	164	12	176
2016	328	72	400	178	17	195
2017	516	107	623	153	7	160
合计 Total	2325	486	2811	1170	188	1358

表2　1999~2017年林业授权品种中不同植物类别授权量统计（单位：件）

Statistics of Grants Classification by Different Plant Species in Forestry PBR's Grants，1999–2017　（unit：piece）

年份 Year	林木 Forest	经济林 Economic Forest	观赏植物 Woody Ornamental	竹 Bamboo	木质藤本 Woody Rattan	其他 Others	合计 Total
1999	6	0	0	0	0	0	6
2000	3	0	20	0	0	0	23
2001	2	2	14	0	0	1	19
2002	0	1	0	0	0	0	1
2003	6	1	0	0	0	0	7
2004	6	4	5	0	0	1	16
2005	3	1	34	0	0	3	41
2006	5	0	3	0	0	0	8
2007	7	1	70	0	0	0	78
2008	10	6	19	1	0	4	40
2009	14	1	39	0	0	1	55
2010	10	6	10	0	0	0	26
2011	2	1	5	0	0	3	11
2012	27	20	113	0	2	7	169
2013	34	9	114	1	0	0	158
2014	24	13	121	1	0	10	169
2015	31	28	106	1	2	8	176
2016	44	40	104	2	3	2	195
2017	18	17	120	1	1	3	160
合计 Total	252	151	897	7	8	43	1358

表3　1999~2017年林业授权品种中不同申请国家的授权量统计　（单位：件）

Statistics of Grants Classification by Nationality of Applicants in Forestry PBR's Grants，1999–2017　（unit：piece）

排名 Ranking	国家 Country	授权总量 Total Grants	2017年授权量 Grant in 2017	主要属种 The Main Species
1	中国 China	1170	153	蔷薇属、杨属、山茶属、杜鹃花属 Rose L.，Populus，Camelia，Rhododendron L.
2	德国 Germany	57	0	蔷薇属、大戟属 Rose L.，Euphorbia L.
3	荷兰 Netherlands	46	3	蔷薇属 Rose L.
4	法国 France	30	0	蔷薇属 Rose L.
5	英国 U.K.	26	3	蔷薇属 Rose L.
6	美国 U.S.A.	15	0	大戟属、悬钩子属 Euphorbia L.，Prunus armeniaca
7	比利时 Belgium	6	0	杜鹃花属 Rhododendron L.
8	意大利 Italy	4	0	蔷薇属 Rose L.
9	丹麦 Denmark	2	0	蔷薇属 Rose L.
10	新西兰 New Zealand	1	0	蔷薇属 Rose L.
11	日本 Japan	1	1	绣球属 Hydrangea L.
合计 Total		1358	160	

表4　1999~2017年各国授权品种的属(种)授权量统计　（单位：件）

Statistics of Grants Classification by Nationality of Titles Holder，1999–2017（unit：piece）

属（种） Species	授权总量 Total Grant										
	中国 China	德国 Germany	荷兰 Netherlands	法国 France	英国 U.K.	美国 U.S.A.	比利时 Belgium	意大利 Italy	丹麦 Denmark	新西兰 New Zealand	合计 Total
蔷薇属 Rose L.	148	42	42	30	26	0	0	4	2	1	295
杨属 Populus	126	0	0	0	0	0	0	0	0	0	126
山茶属 Camelia	79	0	0	0	0	0	0	0	0	0	79

（续表 cont'd）

属（种） Species	授权总量 Total Grant										
	中国 China	德国 Germany	荷兰 Netherlands	法国 France	英国 U.K.	美国 U.S.A.	比利时 Belgium	意大利 Italy	丹麦 Denmark	新西兰 New Zealand	合计 Total
杜鹃花属 Rhododendron L.	63	0	0	0	0	0	6	0	0	0	69
芍药属 Paeonia L.	57	0	0	0	0	0	0	0	0	0	57
含笑属 Michelia L.	38	0	0	0	0	0	0	0	0	0	38
牡丹花属 Paeonia Suffruticosa	33	0	0	0	0	0	0	0	0	0	33
核桃属 Juglans L.	34	0	0	0	0	0	0	0	0	0	34
大戟属 Euphorbia L.	3	15	0	0	0	7	0	0	0	0	25
银杏 Ginkgo	24	0	0	0	0	0	0	0	0	0	24
木兰属 Magnolia L.	25	0	0	0	0	0	0	0	0	0	25
杏属 Armeniaca	20	0	0	0	0	2	0	0	0	0	22
其他 Others	520	0	4	0	0	6	0	0	0	0	531
合计 Total	1170	57	46	30	26	15	6	4	2	1	1358

表5　1999~2017年林业授权品种中不同植物类别品种权人的授权量统计（单位：件）

Statistics of Grants Classification by Kind of Plant Titles Holder in Forestry PBR's Grants，1999–2017　（unit：piece）

品种权人 Titles Holder / 植物类别 Category of Plants	企业 Enterprises	科研院所 Research Institute	高等院校 College	个人 Individual	植物园 Botanical Garden	其他 Others	合计 Total
观赏植物 Ornamental Plant	414	131	130	119	60	43	897
林木 Forest	40	121	76	14	1	0	252
经济林 Economic Forest	19	95	25	9	0	3	151
木质藤本 Woody Rattan	3	2	2	0	0	1	8
竹 Bamboo	0	6	1	0	0	0	7

品种权人 Titles Holder / 植物类别 Category of Plants	企业 Enterprises	科研院所 Research Institute	高等院校 College	个人 Individual	植物园 Botanical Garden	其他 Others	合计 Total
其他 Others	19	16	4	3	0	1	43
合计 Total	495	371	238	145	61	48	1358

（本统计数据由国家林业局植物新品种保护办公室提供）

Ⅶ

海关知识产权保护

表1　2017年海关扣留货物涉及的知识产权类型统计表
Statistics of Intellectual Property Rights of Seized Goods in 2017

知识产权类型 Types of Intellectual Property Right	商品数量（件/双） Quantity（piece/pair）	批 次 Shipment	案 值 Value
商标专用权 Exclusive Right of Trademark	40 319 351	18 694	141 962 765.80
著作权 Copyright	296 646	55	1 238 632.52
专利权 Patent Right	326 697	86	318 448 379.27

表2　2017年海关扣留货物的进出口流向统计表
Statistics of Seized Goods Imported and Exported in 2017

进出口类型 Imported or Exported	批次 Shipment	占比 Percent	商品数量（件/双） Quantity（piece/pair）	占比 Percent
合计 Total	19 192		40 942 694	
进口 Import	351	1.83%	532 951	1.30%
出口 Export	18 841	98.17%	40 409 743	98.70%

表3　2017年海关扣留货物的商品类别统计表
Statistics of Categories of Infringing Goods Seized in 2017

商品类别 Type	商品数量（件/双） Quantity（piece/pair）	占比 Percent
烟草 Cigarettes	10 339 661	25.25%
食品饮料 Food & Beverages	387 106	0.95%
其他轻工产品 Light Industry Products	1264 395	3.09%
五金机械 Hardware	10 463 878	25.56%
化妆、个人护理用品 Cosmetic	4144 304	10.12%

商品类别 Type	商品数量（件/双） Quantity（piece/pair）	占比 Percent
服装 Apparel	490 661	1.20%
鞋类 Footwear	2011 223	4.91%
汽车、摩托车 Automobile	136 422	0.33%
其他机电产品 Other Machinery and Electronic Products	659 582	1.61%
帽类 Headwear	156 839	0.38%
箱包及皮革制品 Bag & Leatherware	207 818	0.51%
通信设备 Communication Apparatus	232 847	0.57%
手表 Watch	47 811	0.12%
玩具游戏 Toys & Games	228 102	0.56%
药品 Pharmaceuticals	20 772	0.05%
存储介质 Storage Medium	126 361	0.31%
运动器具 Sports Equipments	146 282	0.36%
珠宝首饰 Jewelry	138 290	0.34%
医疗器械 Medicine and Medical Appliance	33	0.00%
其他 Others	40 942 694	23.79%

表4　2017年海关扣留货物的运输方式统计表
Statistics of Transportation Means of Infringing Goods in 2017

	邮递 Post	快件 Express	海运 Sea	航空 Airport	汽车 Auto	铁路 Railway
批次 Shipment	16 852	279	145	236	386	29
占比 Percent	81.33%	5.85%	6.81%	1.83%	1.64%	0.31%
商品数量（件/双） Quantity（piece/pair）	103 021	46 482	38 862 726	662 088	875 403	261 479
占比 Percent	0.43%	0.18%	93.68%	1.74%	0.91%	0.18%
案值总数 Value	5 840 077.20	197 401.61	138 221 986	6 267 362.84	25 156 971.48	1 068 016.88

表5　2017年海关知识产权执法模式统计表
Statistics of Types of Enforcement Actions in 2017

执法模式 Types of Enforcement	批次 Shipment	占比 Percent	货物数量（件/双） Quantity（piece/pair）	占比 Percent
依职权扣留 by Authority	19 149	99.78%	40 756 136	99.54%
依申请扣留 by Application	43	0.22%	186 558	0.46%

表6　2017年海关保护的知识产权权利人来源情况统计表
Statistics of Country（Region）of Intellectual Property Rights Holders Protected in 2017

国别（地区） Country（Region）	权利数 Number of Rights	商品数量（件/双） Quantity（piece/pair）	案值（元） Amounts of Value Involved（yuan）
美国 U.S.A.	1007	9 258 664	24 900 609.09
法国 France	929	654 617	4 621 912.48
德国 Germany	815	1392 586	19 400 508.81

（续表 cont'd）

国别（地区） Country（Region）	权利数 Number of Rights	商品数量（件/双） Quantity（piece/pair）	案值（元） Amounts of Value Involved（yuan）
韩国 Korea	242	511 113	7 296 046.52
瑞士 Switzerland	320	8 690 499	5 225 792.92
意大利 Italy	534	473 269	5 249 040.39
日本 Japan	342	1 539 033	10 696 103.45
中国 China	316	12 944 318	78 545 850.86
英国 U.K.	169	335 837	2 417 449.41
荷兰 Netherlands	605	1 582 663	14 758 481.29
卢森堡 Luxembourg	81	148 784	390 175.6
瑞典 Sweden	35	84 653	870 407.66
加拿大 Canada	24	263 746	931 153.5
中国香港 Hong Kong，China	20	750 730	1 708 359.2
巴西 Brazil	11	420 349	2 692 364.9
中国台湾 Taiwan of China	13	24 502	244 177.53
印度 India	9	782 930	514 072
奥地利 Austria	3	5023	51 150
丹麦 Denmark	12	81 848	154 023.9
芬兰 Finland	4	201 972	10 420
泰国 Thailand	1	19 400	194 000
阿联酋 United Arab Emirates	2	13 200	33 746
新加坡 Singapore	6	2 898	67 140

（续表 cont'd）

国别（地区） Country（Region）	权利数 Number of Rights	商品数量（件/双） Quantity（piece/pair）	案值（元） Amounts of Value Involved（yuan）
英属维尔京群岛 British Virgin Islands	6	7 804	250 200
阿根廷 Argentina	1	780	23 400.00
印度尼西亚 Indonesia	3	14 999	49 343.93
比利时 Belgium	2	700 001	7200
列支敦士登 Liechtenstein	4	31 119	291 650
爱尔兰 Ireland	1	1 296	2 592

（本统计数据由海关总署政策法规司提供）

Ⅷ

知识产权司法保护

表1　2017年全国法院受理和审结各类知识产权案件统计表
Statistics of Intellectual Property Cases Accepted and Concluded by the People's Courts Nationwide in 2017

项目 Item	2017年 Year 2017
一、全国地方法院刑事案件 Criminal Cases Nationwide	
新收侵犯知识产权罪一审案件(件) Instance Cases Accepted（piece）	3621
同比下降（%） Year–on–year Decrease	4.69
审结侵犯知识产权罪一审案件(件) Instance Cases Concluded（piece）	3642
同比下降（%） Year–on–year Decrease	6.69
假冒注册商标罪 Criminal Cases Counterfeiting Registered Trademarks（piece）	1687
销售假冒注册商标的商品罪 Criminal Cases of Selling Counterfeit Trademark Goods（piece）	1494
非法制造、销售非法制造的注册商标标识罪 Criminal Cases of Illegal Manufacturing，Selling of Illegal Manufacture of Registered Trademarks（piece）	260
假冒专利罪 Criminal Cases Counterfeiting Patents（piece）	1
侵犯著作权罪 Criminal Cases Infringing Copyrights（piece）	170
销售侵权复制品罪 Criminal Cases of Selling Infringing Copies（piece）	4
侵犯商业秘密罪 Criminal Case Violating Trade Secrets（piece）	26
审结生产、销售伪劣商品犯罪（涉及侵犯知识产权）（件） Crimes of Manufacturing and Distribution of Goods with Inferior Quality（Infringing Intellectual Property Rights）（piece）	1100
新收涉知识产权刑事二审案件（件） Crimes of Illegal Business Operations （Infringing Intellectual Property Right）（piece）	533
审结涉知识产权刑事二审案件(件) Other Crimes（Infringing Intellectual Property Rights）（piece）	540

（续表 cont'd）

项目 Item	2017年 Year 2017
二、全国地方法院行政案件 Administrative Cases Nationwide	
新收一审案件(件) First Instance Cases Accepted（piece）	8820
同比增长(%) Year-on-year Growth	22.74
新收专利案件(件) Patent Cases Accepted（piece）	872
新收商标案件（件） Trademark Cases Accepted（piece）	7931
新收著作权案件（件） Copyright Cases Accepted（piece）	17
审结一审案件（件） First Instance Cases Concluded（piece）	6390
同比增长(%) Year-on-year Growth	2.24
新收二审案件（件） Second Instance Cases Accepted（piece）	882
审结二审案件（件） Second Instance Cases Concluded（piece）	1146
三、全国地方法院民事案件 Civil Cases Nationwide	
新收一审案件（件） First Instance Cases Accepted（piece）	201 039
同比增长（%） Year-on-year Growth（%）	47.24
专利案件（件） Patent Cases Accepted（piece）	16 010
同比增长（%） Year-on-year Growth（%）	29.56
商标案件（件） Trademark Cases Accepted（piece）	37946
同比增长（%） Year-on-year Growth（%）	39.58
著作权案件（件） Copyright Cases Accepted（piece）	137 267
同比增长（%） Year-on-year Growth（%）	57.8

（续表 cont'd）

项目 Item	2017年 Year 2017
技术合同案件（件） Technology Contract Cases Accepted（piece）	2098
同比下降（%） Year-on-year Decrease（%）	12.62
竞争案件（件） Unfair Competition Cases Accepted（piece）	2543
同比增长（%） Year-on-year Growth（%）	11.24
其中垄断民事一审案件 First Instance Antimonopoly Civil Case	114
其他知识产权案件（件） Other Intellectual Property Cases（piece）	5175
同比下降（%） Year-on-year Decrease（%）	2.6
审结一审案件（件） First Instance Cases Concluded（piece）	192 938
同比增长（%） Year-on-year Growth（%）	46.37
新收二审案件（件） Second Instance Cases Accepted（piece）	21 818
同比增长（%） Year-on-year Growth（%）	4.92
审结二审案件（件） Second Instance Cases Concluded（piece）	20 525
同比增长（%） Year-on-year Growth（%）	0.94
四、最高人民法院知识产权审判庭案件 Cases of the Supreme Court	
新收知识产权民事案件（件） Civil Cases Accepted（piece）	503
审结知识产权民事案件（件） Civil Cases Concluded（piece）	493
新收知识产权行政案件（件） Administrative Cases Accepted（piece）	391
审结知识产权行政案件（件） Administrative Cases Concluded（piece）	412

（本统计数据由最高人民法院知识产权审判庭提供）

表2　2017年全国检察机关办理侵犯知识产权案件情况统计表
Statistics of Infringement of Intellectual Property Cases by the People's Procuratorate Nationwide in 2017

项目 Item	2017年 Year 2017
合计 Total	
批捕案件（件） Cases Approved the Arrest（piece）	2510
批捕人数（人） People Approved the Arrest（people）	4272
起诉案件（件） Cases Prosecuted（piece）	3880
起诉人数（人） People Prosecuted（people）	7157
一、侵犯知识产权犯罪 Infringement of Intellectual Property Cases	
批捕案件（件） Cases Approved the Arrest（piece）	2453
批捕人数（人） People Approved the Arrest（people）	4158
起诉案件（件） Cases Prosecuted（piece）	3674
起诉人数（人） People Prosecuted（people）	6809
1.　假冒注册商标罪 Criminal Cases Counterfeiting Registered Trademarks	
批捕案件（件） Cases Approved the Arrest（piece）	1131
批捕人数（人） People Approved the Arrest（people）	2094
起诉案件（件） Cases Prosecuted（piece）	1703
起诉人数（人） People Prosecuted（people）	3310
2.　销售假冒注册商标的商品罪 Criminal Cases Selling Counterfeit Trademark Goods	
批捕案件（件） Cases Approved the Arrest（piece）	1022

（续表 cont'd）

项目 Item		2017年 Year 2017
	批捕人数（人） People Approved the Arrest（people）	1543
	起诉案件（件） Cases Prosecuted（piece）	1532
	起诉人数（人） People Prosecuted（people）	2642
3.	非法制造、销售非法制造的注册商标标识罪 Criminal Cases of Illegal Manufacturing, Selling of Illegal Manufacture of Registered Trademarks	
	批捕案件（件） Cases Approved the Arrest（piece）	194
	批捕人数（人） People Approved the Arrest（people）	338
	起诉案件（件） Cases Prosecuted（piece）	253
	起诉人数（人） People Prosecuted（people）	516
4.	侵犯著作权罪 Criminal Cases Infringing Copyrights	
	批捕案件（件） Cases Approved the Arrest（piece）	67
	批捕人数（人） People Approved the Arrest（people）	115
	起诉案件（件） Cases Prosecuted（piece）	156
	起诉人数（人） People Prosecuted（people）	272
5.	销售侵权复制品罪 Criminal Cases Selling Infringing Copies	
	批捕案件（件） Cases Approved the Arrest（piece）	4
	批捕人数（人） People Approved the Arrest（people）	6
	起诉案件（件） Cases Prosecuted（piece）	5
	起诉人数（人） People Prosecuted（people）	6
6.	侵犯商业秘密罪 Criminal Cases Violating Trade Secrets	

（续表 cont'd）

项目 Item	2017年 Year 2017
批捕案件（件） Cases Approved the Arrest（piece）	32
批捕人数（人） People Approved the Arrest（people）	59
起诉案件（件） Cases Prosecuted（piece）	24
起诉人数（人） People Prosecuted（people）	61
7. 假冒专利罪 Criminal Cases Counterfeiting patents	
批捕案件（件） Cases Approved the Arrest（piece）	3
批捕人数（人） People Approved the Arrest（people）	3
起诉案件（件） Cases Prosecuted（piece）	1
起诉人数（人） People Prosecuted（people）	2
二、数罪中含侵犯知识产权罪 Criminal Cases Infringing Intellectual Property Rights in Several Crimes	
批捕案件（件） Cases Approved the Arrest（piece）	9
批捕人数（人） People Approved the Arrest（people）	27
起诉案件（件） Cases Prosecuted（piece）	45
起诉人数（人） People Prosecuted（people）	40
三、他罪中含侵犯知识产权行为 Intellectual Property Rights Violations Contained in Other Crimes	
批捕案件（件） Cases Approved the Arrest（piece）	48
批捕人数（人） People Approved the Arrest（people）	87
起诉案件（件） Cases Prosecuted（piece）	161
起诉人数（人） People Prosecuted（people）	308

（本统计数据由最高人民检察院侦查监督厅提供）